O LIVRO DAS ESPECIARIAS

DE REFRESCANTES A APIMENTADOS,
PRATOS SABOROSOS COM ATÉ 5 TEMPEROS

O LIVRO DAS ESPECIARIAS

DE REFRESCANTES A APIMENTADOS,
PRATOS SABOROSOS COM ATÉ 5 TEMPEROS

JOHN GREGORY-SMITH

PUBLIFOLHA

À minha família incrível, que jamais deixou de me apoiar.

Título original: *Mighty Spice Cookbook*

Publicado pela primeira vez no Reino Unido e na Irlanda em 2011 pela Duncan Baird Publishers Ltd., 75-76 Wells Street, 6º andar, Londres W1T 3QH

Coordenação do Projeto: Publifolha
Editora-assistente: Mell Brites
Coordenação de produção gráfica: Mariana Metidieri
Produção gráfica: Rodrigo Andrade

Produção Editorial: Estúdio Sabiá
Edição: Bruno Salerno Rodrigues
Tradução: Mary Amazonas Leite de Barros
Preparação de texto: Paola Morsello
Revisão: Silvia Carvalho de Almeida e Rosane Albert
Editoração eletrônica: Pólen Editorial

Edição Original: Duncan Baird Publishers
Editora-executiva: Grace Cheetham
Editores: Camilla Davis e Kirty Topiwala
Projeto gráfico: Manisha Patel
Produção: Uzma Taj
Fotografias especiais: William Lingwood
Estilista de culinária: Aya Nishimura
Produção fotográfica: Wei Tang

Pessoas com restrições alimentares devem ficar atentas aos ingredientes indicados nas receitas.

O forno deve ser preaquecido na temperatura indicada.

As fotos deste livro podem conter acompanhamentos ou ingredientes meramente ilustrativos.

Dados Internacionais de Catalogação na Publicação (CIP)
(Câmara Brasileira do Livro, SP, Brasil)

Gregory-Smith, John
O livro das especiarias /John Gregory-Smith ; [tradução Mary Amazonas Leite de Barros]. – São Paulo : Publifolha, 2012.

Título original: Mighty spice cookbook.
ISBN 978-85-7914-333-5

1. Condimentos 2. Culinária 3. Especiarias 4. Plantas aromáticas 5. Receitas I. Título.

11-09783 CDD-641.5

Índices para catálogo sistemático:
1. Especiarias e temperos : Culinária : Economia doméstica 641.5
2. Temperos e especiarias : Culinária : Economia doméstica 641.5

Este livro segue as regras do Acordo Ortográfico da Língua Portuguesa (1990), em vigor desde 1º de janeiro de 2009.

PUBLIFOLHA
Divisão de Publicações do Grupo Folha
Al. Barão de Limeira, 401, 6º andar
CEP 01202-900, São Paulo, SP
Tel.: (11) 3224-2186/ 2187/ 2197
www.publifolha.com.br

Impresso na Imago, Cingapura.

Sumário

Introdução

Eu adoro especiarias. Gosto muito de falar sobre elas, usá-las para cozinhar e consumi-las. Sempre fui apaixonado por temperos, e passei os últimos dez anos viajando pelo mundo para aprender o máximo possível sobre eles. Usadas na cozinha há milhares de anos, as especiarias continuam a ser muito importantes. Sua história é surpreendente: a América foi descoberta por causa delas, mas só vou lhes contar mais a respeito disso quando já estiverem fisgados! Meu livro ensina a cozinhar com esses temperos que eu tanto aprecio, mostrando como é fácil e delicioso usá-los.

Há alguns anos, deixei meu emprego e abri um negócio de pastas de especiarias frescas: The Mighty Spice Company, usando as misturas de especiarias chinesas, o curry verde tailandês e o curry indiano. Dizer que as coisas foram desafiadoras é pouco. Eu passava os sete dias da semana fazendo demonstrações, participando de feiras de fazendeiros, cuidando de relações públicas, marketing, vendas, além de lidar com milhões de coisas que pareciam andar mal. Após dois anos de reuniões, degustações e apresentações em PowerPoint, realizei o sonho de todo produtor de alimentos: fechei um contrato para abastecer um dos principais supermercados britânicos. Meus produtos foram lançados experimentalmente em alguns locais selecionados e logo passaram a abastecer 250 lojas em todo o país. Foi uma grande realização e gostei muito de fazer isso, mas, devido à recessão e ao declínio nas vendas de produtos frescos, resolvi deixar de lado as pastas de temperos por um tempo.

Enquanto passava as férias na Espanha com a minha maravilhosa prima Lara, tive a ideia de escrever um livro de culinária sobre especiarias. Lancei minha marca alimentícia para transmitir às pessoas a mesma excitação que eu sentia ao cozinhar alimentos temperados; queria encorajá-las a voltar à cozinha e preparar comidas saborosas, em vez de consumir pratos prontos ou adquirir comida para viagem. Queria que meu livro fosse uma extensão disso, que fizesse as pessoas ficarem tão entusiasmadas com a arte de cozinhar que, após lerem as minhas receitas, corressem até a loja e as preparassem seguidas vezes. Passei as duas semanas seguintes de férias tomando rioja, comendo tapas e planejando meu livro.

Há muita gente que gosta de cozinhar, mas nem todos estão preparados para desistir de uma vida "normal", mudar de casa, abrir mão de um salário garantido para fazer da venda de pastas de especiarias e do desenvolvimento de receitas um meio de sobrevivência. Meu pai, à maneira antiga inglesa, enviou minha mãe para fazer um curso de cozinha na Cordon Bleu antes de se casar com ela. Deus não admite que alguém não tenha um peito de frango recheado decente em casa! Surpreendentemente, ela não o deixou de olho roxo e eles têm um casamento feliz até hoje. Seja como for, ela era – e é – uma grande cozinheira. Quando crianças, meu irmão, minha irmã e eu nunca tivemos permissão para comer coisa alguma processada. Nada de biscoitos, doces ou salgadinhos comprados em lojas.

Outro motivo para isso era o fato de eu ser alérgico aos aditivos dos alimentos industrializados. Sendo uma criança excessivamente hiperativa, esses aditivos levaram-me, literalmente, a subir pelas paredes e corrimãos algumas vezes. Lembro-me de uma ocasião em que comprei uma geleia multicolorida muito legal com formato de um *transformer*. Levei as compras para casa e mostrei para minha mãe. Deve ter sido um baque para ela, como já acontecera outras vezes, e ela me disse que as geleias eram muito melhores frescas, por isso eu devia colocá-la na geladeira. Quando voltei para reivindicar meu regalo, um horrendo crime fora cometido: minha geleia tinha sumido. Quem diria, em minha própria casa, na minha geladeira!

O fato de minha mãe sempre ter cozinhado contribuiu para o meu amor pela cozinha desde a infância. Como era estranho um menino de 12 anos preparar comida para os colegas, eu me oferecia constantemente para cozinhar para meus parentes. A comida sempre foi muitíssimo importante para toda a família, e não consigo imaginar nada que me agradasse mais do que organizar uma festa e me empanturrar com todos eles. Quando criança, ser o mais novo significava que eu tinha de prover minha própria subsistência e comer depressa. Logo compreendi, contudo, que, se cozinhasse, a dinâmica mudava, e eu podia evitar o fim da fila; até me ofereciam a comida antes do que para todos.

Quando eram pequenos, meus pais viveram no exterior, onde adquiriram o gosto pelo exótico: minha mãe morou no Paquistão e meu pai, na Turquia. Lembro-me de incontáveis curries na casa de meus avós e me acostumei com pimentas ardidas e curries em pó desde cedo. Eu era totalmente mimado e levado para todo lado por meus maravilhosos pais. Comer era de praxe e, quando cresci, comecei a viajar em busca de alimentos novos e excitantes. Lembro que fui para a Tailândia e Hong Kong aos 16 anos e descobri a sopa de camarão tom yum goong e o bolinho dim sum. Havia literalmente um mundo de alimentos a ser descoberto, e eu estava ávido por tomar posse dele. Gostava de conhecer algo novo e recriá-lo ao voltar para casa. Eu me desviaria de meu caminho para encontrar coisas como coentro e o melhor leite de coco (que é o chaokoh, inigualável) para fazer o perfeito curry verde tailandês.

Resolvi viajar para China, Vietnã, Camboja, Tailândia, Malásia, Cingapura, Indonésia, Índia, Sri Lanka, Marrocos, Turquia, Líbano e México para, enquanto trabalhava no livro, aprender ao máximo sobre a maneira como os diferentes países e culinárias usam as especiarias, com os segredos de mães, tias, irmãs e avós. Mal podia esperar para começar. No aeroporto de Heathrow para minha primeira viagem a Hong Kong, quando tentei fazer o *check-in*, a funcionária me disse que eu era ansioso demais, pois o *check-in* em geral era feito apenas duas horas antes do voo e eu estava um mês adiantado! Felizmente, dei um jeito de mudar minha passagem. Passei os dias em Hong Kong comendo dim sum, mas foi na minha primeira noite que descobri um maravilhoso prato de carne moderno que foi a inspiração para a Carne refogada com pimenta-do-reino e manjericão (p. 89). Usei grandes quantidades de pimenta-do-reino moída grosseiramente para temperá-la, um vinagre balsâmico pungente e um bom punhado de manjericão rasgado. Era exatamente o tipo de comida de que eu gostava e estava realmente entusiasmado por ver como a pimenta pode ser usada como especiaria principal, coisa tão comum no Sudeste Asiático.

Em seguida, parti para a China, que foi o destino mais surpreendente em relação aos alimentos que conheci. Todo mundo tinha dito que a comida na China era, por assim dizer, diferente. Sim, eles comem algumas coisas malucas, como espetos de escorpião, pepinos-do-mar e gatos, mas também consomem alguns dos alimentos mais maravilhosamente preparados e equilibrados que já comi. O uso das especiarias, especialmente na província de Sichuan, é fenomenal. Sempre gostei do poder de adormecer a língua da pimenta em grão de Sichuan, a pimenta-chinesa ou pimenta-de-sichuan, por isso foi fantástico aprender a usá-la, sem mascarar os outros componentes do prato.

Minha viagem pela China levou-me a Chengdu, capital da província de Sichuan. Dali planejei ir para a zona rural e aprender sobre a verdadeira culinária de Sichuan; gente de verdade cozinhando com ingredientes cultivados no local, fazendo comida simples para a família e os amigos. Lamentavelmente, não foi o que eu esperava. Minha expectativa de colinas juncadas de bambu foi substituída por um prédio no centro da cidade, pelos aldeões locais e por uma família de Chengdu chamada Hung. Ainda assim, me diverti e aprendi muito. Antes de cozinhar, fomos a um mercado local comprar peixes, carne de porco, frutas e legumes frescos. Voltamos ao minúsculo apartamento dos Hung e preparamos uma das melhores refeições que já tive a sorte de desfrutar: uma escaldante sopa de peixe, costeletas de porco fritas com pimentas de Sichuan, anis-estrelado, outras pimentas e o melhor arroz do mundo. As costeletas eram agridoces e traziam o sabor da forte combinação de especiarias, bastante presente em Sichuan.

Na manhã seguinte, fui a uma fábrica conhecida por fazer pasta de feijão picante, uma mistura fermentada de pimentas e soja que forma a base de muitos pratos de Sichuan, em Pixan. A pasta é difícil de encontrar, por isso elaborei uma versão mais fácil. Uso-a como base para a minha receita de Carne de porco recozida (p. 111), mas ela serve para qualquer refogado.

Quando chegamos, abri a porta do carro e senti o fedor mais horroroso de vinagre, pimenta e todas as porcarias que meu nariz jamais aspirou. Meu tradutor se esforçava para não vomitar e pareceu profundamente perturbado com a situação e me perguntou se eu queria mesmo fazer aquilo. Lamentavelmente, era. Atravessei filas de tanques enormes de fermentação cobertos de sujeira e funcionários de aspecto miserável, com máscaras ou simplesmente pedaços de algodão tapando o nariz, escolhendo as pimentas secas. Aquela era uma fazenda de pimentas particular, e tudo o que posso dizer é graças a Deus que eles nunca conseguiriam passar pelos testes de higiene ocidentais. Era uma vergonha, mas o que eu gosto no que faço é que é preciso aceitar as coisas como elas são, com seus altos e baixos. O jantar na noite anterior tinha sido tão suave e aquilo era tão rude!

Depois de viajar por todo o Sudeste Asiático, fui para a Índia – meu país predileto até o momento – e o Sri Lanka. A Índia é surpreendente, o auge do sensorial. Tudo é bom e ruim ao mesmo tempo, e nada faz sentido. Você ama ou odeia. Amei cada minuto que vivi ali.

Os mercados tiveram papel preponderante nas minhas viagens – sinto-me muito à vontade passeando por eles, e um de meus favoritos foi Khari Baoli, na Antiga Délhi. Fui levado a esse famoso mercado de especiarias por meu amigo Madhu Gupta. A Antiga Délhi é doida: dá a impressão de que voltamos no tempo. Bela loucura: mau cheiro por diversas razões, mercados atarefados lado a lado com a pobreza abjeta. Tudo é repentino e realmente movimentado, e eu amei isso. Lojas com frentes abertas enfileiravam-se nas ruas vendendo todos os tipos de especiarias e ingredientes para a cozinha. Abríamos caminho olhando para cada coisa enquanto o povo gritava, cuspia, urinava, arregalava os olhos e fazia compras à nossa volta.

Madhu levou-me à sua loja de masala favorita, que vendia masalas pré-moídas em incríveis caixas vindas diretamente dos anos 1970. Comprar uma caixa de masala parece algo fácil, mas não na Índia. O que aconteceu a seguir foi brilhante e estranho. A loja tinha dois balcões que ficavam um diante do outro com um minúsculo corredor entre eles. Você escolhia o que queria no balcão 1 e entregava seu pedido no balcão 2, onde eles lhe davam um tíquete. Em seguida, você levava de volta o tíquete ao balcão original para ser conferido e marcado, e então pegava o mesmo tíquete de novo para pagar no segundo balcão. Finalmente, você levava seu recibo para o balcão 1 para receber sua compra. Conseguiu me acompanhar? Isso é o que eu amo na Índia: um caos completamente organizado.

Depois de Délhi, viajei para Amritsar, no Punjab, Norte da Índia. É o mais sagrado dos lugares para os siques, lar do Templo Dourado, a Meca dos siques. O Templo Dourado fica em meio a uma enorme piscina, cercada por uma calçada, e tudo faz parte de um lindo e enorme complexo de templos em mármore branco. As pessoas entram, tiram fotos (não só os turistas!) ou fazem uma prece silenciosa e perambulam assimilando tudo aquilo. O clima era pacífico, espiritual e muito alegre ao mesmo tempo. Não sei muita coisa sobre religião e menos ainda sobre o siquismo, contudo sei que eles praticam a tolerância e a igualdade – todos podem entrar em seu surpreendente templo e comer uma refeição grátis no *langer*. Se todos pensassem como eles, com certeza as coisas seriam mais fáceis.

À direita, fica o *langer* – minha razão para viajar até Amritsar (e uma das mais notáveis experiências alimentares que tive até hoje). É uma cozinha grátis para todos aqueles que necessitam de uma refeição no Templo de Ouro, siques e não siques, administrada por donativos e pela ajuda de voluntários. Fica aberta 24 horas, 365 dias por ano e serve uma média de 40 mil a 60 mil refeições por dia, que consistem de dhal, curry de legumes, chapatis e uma sobremesa de laranja genial. Cheguei de manhã cedo e dirigi-me à cozinha. Todos estavam sentados no chão debulhando ervilhas e picando couve-flor. Pareciam estranhar um pouco a minha presença, mas as ervilhas não paravam de chegar, por isso não houve tempo para reclamações. O senhor ao meu lado era um grande debulhador, o mais rápido de todos. Desde criança, sempre fui ridiculamente competitivo – tenho que ganhar! Bem, o competitivo John veio à tona e, antes que eu percebesse, estava numa silenciosa disputa de debulhar ervilha. O homem compreendeu que as coisas estavam esquentando e se dedicou mais. Fui bem até que minhas costas destreinadas em debulhar ervilhas me causaram problemas. Então ofereceram-me um bloco de madeira para sentar; eu estava de volta ao jogo! Parti para cima das ervilhas e, graças aos meus dedos não artríticos, fui em frente. O homem me olhou, querendo dizer gentilmente: "Eu estou aqui todos os dias, o dia todo; tente por alguns anos, e então conversaremos!".

Depois de algumas horas, convidaram-me para dar uma volta pelas cozinhas monumentais. Começamos na seção de lavagem. Era épico: centenas de pessoas lançando pratos de metal para o lado, limpando e secando-os à medida que avançavam; o ruído era ensurdecedor. Em seguida, fomos à cozinha principal, onde grupos de mulheres sentavam-se de pernas cruzadas estendendo a massa dos chapatis. Elas abriam um por vez, então os arremessavam numa bandeja quente para cozinhar, sempre conversando, sem uma gota de suor. Enquanto continuávamos a percorrer o local, enormes caçarolas de curry, do tamanho de uma banheira, cozinhavam ferozmente sobre fogueiras de madeira. Senhores fortes usavam pás para misturar amorosamente os curries. Eu adoro curry – foi um momento especial. Meu guia conhecia todo mundo. Todos queriam posar para fotos e ainda ver as imagens. O *tour* acabou na sala de jantar, onde as pessoas se sentavam em fileiras no chão e comiam ao lado de quem quer que fosse. Alguns saíam para continuar seu dia e outros davam uma volta na cozinha para manter a máquina de comida sempre funcionando. Que coisa incrível de se fazer, nada mais generoso; num país em que tantos têm tão pouco, haverá uma expressão de generosidade maior do que uma deliciosa refeição feita em casa, coletivamente?

Depois da Índia, viajei para o Oriente Médio. Comecei por uma maratona de comilança em Istambul, acompanhada por meu pai. Que cidade! Dividida em dois lados – o europeu e o asiático –, tem belas mesquitas que pontuam o horizonte, nenhuma mais bonita que a famosa Mesquita Azul. A Turquia é o lar do kebab, um prato de que gosto muito: não se parece àquela coisa horrível que se come ao fim de uma noitada, mas uma carne grelhada macia, com molho picante de dar água na boca, salada fresca, pão sírio macio e iogurte frio. Comemos como reis e aproveitamos tudo o que a cidade tinha a oferecer. Eu desfrutei especialmente o sabor das maravilhosas pimentas secas turcas. Elas tinham um gosto ímpar, suave, e eram secas ao sol. Quando voltei para casa, descobri que aquilo podia ser substituído por uma mistura de pimentas comuns secas e tomates secos ao sol.

Também passei uma semana cozinhando em Beirute, que é uma das cidades mais bacanas em que já estive. A arquitetura é um misto do estilo árabe antigo com o parisiense, e as pessoas são muito espertas e otimistas. A comida era incrível: saladas frescas e espetos delicadamente apimentados feitos com muito alho e especiarias perfumadas, como pimenta-de-caiena e açafrão, em demoradas infusões com a carne; uma pungente mistura de sumagre, sal, sementes de gergelim e tomilho seco, chamado zaatar, cobrindo generosamente de espuma carnes grelhadas e pães sírios assados na hora e dando um maravilhoso sabor amargo e uma brilhante cor vermelha ao prato. E eu não poderia esquecer o quibe, um verdadeiro tesouro da culinária libanesa. É uma mistura de carne bem moída (crua ou cozida), trigo-sarraceno, pimentas, ervas e limão. Meu favorito era o quibe cru de cabra, que é feito simplesmente com carne crua de cabrita bem moída com sal, trigo-sarraceno, suco de limão e bastante hortelã fresca. Sem contar a berinjela grelhada com suco de limão, assada com pimentas, amassada com tahine e então cozida com cordeiro ou refogada em iogurte. Passei meus dias cozinhando, comendo e vagando pela cidade.

A última parada em minha maravilhosa jornada foi o México. Eu tinha visitado o México antes, quando aprendi pouco mais do que como conseguir um bronzeado e pedir uma cerveja – "una cerveza, por favor". Dessa vez, queria evitar as praias e aprender sobre a verdadeira comida mexicana do verdadeiro povo mexicano. Resolvi visitar Puebla, Veracruz, Oaxaca e, finalmente, a Cidade do México, que, a propósito, é uma das maiores cidades do mundo. Passei minha primeira semana nas mãos competentes de Jon e Estella, aprendendo sobre a culinária pueblana – uma das principais cozinhas do México, caracterizada por pratos complexos como o Mole Poblano, que usa chocolate e outros trinta ingredientes, inclusive canela, cravo-da-índia e pimentas. Eles passavam horas mostrando-me como fazer os molhos com perfeição. Sempre começávamos com pimentas assadas a seco, tomatillos, cebolas e alho numa frigideira de fundo grosso, até que ficassem crocantes e tenros, e então os utilizávamos como base de vários molhos. Isso dava um sabor bem defumado, típico da cozinha mexicana, e a experiência me ensinou tudo sobre as pecaminosas variedades de pimentas frescas, secas e defumadas, tão representativas da culinária mexicana.

A casa deles – linda por sinal – ficava numa encosta sob o olhar atento de um vulcão fumegante e de um bando de cachorros loucos e era próxima à mais selvagem *rave* do México. Todas as noites, quando o sol se punha, a tranquilidade era transpassada por uma banda mexicana maluca que tocava a mesma música a noite toda, parando apenas para fazer um ruído muito desconcertante, como se estivéssemos andando sobre uma grande rã.

Se me sinto feliz rodeado por montanhas de especiarias, relaxo ao passear por uma "selva de pedra"; afinal, moro em Londres. Foi um deleite visitar a gigantesca Cidade do México depois de ter passado a maior parte das três semanas na zona rural. Fiquei hospedado no centro, andei por toda parte e comi de tudo. Minha refeição predileta era sempre o café da manhã no Café Maque. Eles faziam os mais surpreendentes ovos mexidos, que eram cozidos com linguiça e pimentas realmente picantes e servidos com um molho de tomate suculento.

Voltei para Londres e trabalhei nas receitas deste livro. Criei-as de modo que cada uma seja interessante, deliciosa e mostre como é fácil cozinhar com especiarias. Algumas sugestões são versões de receitas tradicionais, enquanto outras tiveram diferentes culinárias e culturas como inspiração. As pessoas maravilhosas com as quais comi durante a viagem trouxeram à mesa uma grande quantidade de pratos diferentes para ser compartilhados por todos. As receitas neste livro foram criadas tendo isso em mente. Tente fazer algumas delas e desfrute a variedade de sabores, texturas e aromas.

Para tornar as coisas realmente simples e ajudá-lo em sua aventura com as especiarias, usei no máximo cinco temperos por receita, de modo que você possa obter tudo o que for necessário no supermercado local. Há 10 especiarias destacadas e descritas em todo o livro e 25 especiarias usadas nas receitas. Ilustrações de cada tempero usado estão representadas nas receitas e uma descrição pode ser encontrada no glossário (pp. 218-21).

CAPÍTULO 1

Sopas e saladas

Neste capítulo você descobrirá como as especiarias são versáteis. Elas podem ser usadas para fazer algo leve e refrescante, quente e defumado e até picante e escaldante – e com a combinação correta você só precisa adicionar umas poucas especiarias a um prato para criar algo extraordinário. O gengibre apimentado e o anis-estrelado aromatizam, por exemplo, a delicada Sopa chinesa de carne suína com bolinhos (foto ao lado). Algumas sementes moídas de erva-doce dão vida à Salada de romã, erva-doce, laranja e agrião; e com apenas cinco especiarias pode-se fazer uma Laksa de coco e pitus de Cingapura. Tradicionalmente, este prato usa grandes quantidades de diferentes temperos, mas equilibrando os sabores do cheiroso capim-limão, da pimenta ardida, da cúrcuma terrosa, do alho e do tamarindo azedo pode-se fazer esta sopa deliciosa sem problemas.

À ESQUERDA: Sopa chinesa de carne suína com bolinhos (p. 15)

Sopa de lentilha à moda turca

4 PORÇÕES
200 g de lentilhas lavadas e escorridas
2 colheres (sopa) de azeite
1 colher (chá) de farinha de trigo
2 colheres (chá) de hortelã seca
1 colher (chá) de pimenta vermelha em pó
1 colher (sopa) de polpa de tomate
875 ml de caldo de frango ou de legumes
50 g de trigo-sarraceno
50 g de manteiga (opcional)
sal marinho e pimenta-do-reino moída na hora
1 limão-siciliano em fatias para acompanhar

COMBINA COM
Frango marroquino com canela e limão (p. 67)
Guisado persa de cordeiro com açafrão e mel (p. 101)
Bolo libanês de limão e baunilha (p. 198)

1 Coloque as lentilhas numa panela grande em fogo alto com 750 ml de água e deixe ferver. Tampe a panela, reduza o fogo e refogue por 15-20 minutos, até as lentilhas absorverem toda a água e amolecerem. Passados 15 minutos, verifique a cada 2 minutos, para garantir que elas não queimem.

2 Aqueça o azeite numa panela grande em fogo médio e adicione a farinha, a hortelã e a pimenta em pó. Mexendo sem parar, junte a polpa de tomate após 10 segundos; espere mais 10 segundos e despeje 2 colheres (sopa) do caldo para dissolver a mistura. Adicione lentamente o restante do caldo, mexendo para não encaroçar. Misture as lentilhas cozidas e o trigo-sarraceno e tempere com uma boa pitada de sal e pimenta-do-reino. Deixe ferver, diminua o fogo e refogue, mexendo de vez em quando, por 10 minutos.

3 Misture a manteiga, se usar, e sirva imediatamente com fatias de limão – o seu suco realçará todos os sabores deliciosos.

Sopa chinesa de carne suína com bolinhos

1 Para fazer os bolinhos, coloque todos os ingredientes numa tigela grande e misture com as mãos. Assegure-se de que todos os componentes sejam bem distribuídos para garantir o máximo de sabor. Cubra e deixe descansar por 30 minutos para apurar o tempero, ou deixe a noite toda na geladeira, se tiver tempo.

2 Enquanto isso, despeje o caldo numa panela grande e junte o anis-estrelado, o gengibre e o alho. Deixe ferver em fogo alto, tampe, diminua o fogo e cozinhe por 10 minutos.

3 Separe uma porção do tamanho de uma bola de golfe da mistura de carne de porco e faça um bolinho macio com as mãos. Repita a operação, até que toda a mistura seja usada. Você deverá obter cerca de oito bolinhos.

4 Com uma escumadeira, transfira os bolinhos com cuidado para uma caçarola com o caldo apimentado. Junte as cebolinhas, a acelga, o coentro e o shoyu e misture tudo delicadamente. Deixe ferver, diminua o fogo e refogue por 8-10 minutos, até que os bolinhos estejam cozidos e tenros. Corte um deles para provar. Sirva imediatamente, de modo que as verduras permaneçam bonitas e frescas.

4 PORÇÕES

1,2 litro de caldo de frango
2 anises-estrelados
5 cm de gengibre descascado e fatiado
1 dente de alho
4 cebolinhas cortadas em palitos finos
200 g de acelga em fatias finas
um punhado de folhas de coentro picadas grosseiramente
1 colher (sopa) de shoyu

PARA OS BOLINHOS

250 g de carne de porco moída
2,5 cm de gengibre sem casca ralado
2 cebolinhas picadas
1 colher (chá) de shoyu diluído em um pouco de água
1 colher (chá) de óleo de gergelim

COMBINA COM

Cordeiro refogado de Dongbei com cominho e coentro (p. 99)
Caçarolas de molho de gengibre no vapor (p. 199)

Laksa de coco e pitus de Cingapura

4 PORÇÕES
1 colher (chá) de pasta de tamarindo
400 ml de leite de coco
250 g de pitus limpos
110 g de brotos de feijão
110 g de macarrão de arroz
2 colheres (sopa) de óleo vegetal
sal marinho
raminhos de coentro para decorar

PASTA DE ESPECIARIAS
2 talos de capim-limão
1 pimenta vermelha
4 dentes de alho
1 colher (chá) de pasta de camarão
½ colher (chá) de cúrcuma
2 colheres (sopa) de óleo vegetal

COMBINA COM
Cheesecake de manga, laranja e noz-moscada (p. 201)
Syllabub de baunilha e mel (p. 202)

1 Para preparar a pasta de especiarias, retire as folhas externas duras do capim-limão e corte a ponta dos talos. Começando pela ponta mais larga, fatie grosseiramente em anéis. Deve aparecer uma faixa roxa. Pare de fatiar quando essa faixa terminar, pois as pontas são muito duras para comer. Reserve as extremidades para juntar à laksa depois e coloque os anéis de capim-limão no miniprocessador. Adicione os outros ingredientes da pasta de especiarias e bata até ficar macia.

2 Coloque a pasta de tamarindo e 100 ml de água numa tigelinha. Misture bem e deixe descansar por 5 minutos, até dissolver; desfaça os grumos. Aqueça uma panela grande em fogo médio e coloque uma colher da pasta de especiarias. Refogue por 30 segundos, até liberar o aroma, despeje o leite de coco, o tamarindo preparado, 200 ml de água fervente e tempere com uma pitada de sal. Misture bem, aumente o fogo e deixe ferver. Junte os pitus, os brotos de feijão e as pontas do capim-limão, diminua o fogo e refogue por 5 minutos, mexendo de vez em quando até que os pitus fiquem rosados e bem cozidos. Retire as pontas de capim-limão.

3 Enquanto isso, cozinhe o macarrão de acordo com as instruções da embalagem, escorra e regue com o óleo para não grudar. Divida o macarrão cozido entre quatro tigelas fundas e despeje nelas a sopa quente com uma concha. Coloque 1 raminho de coentro sobre cada tigela e sirva imediatamente.

Salada de queijo grelhado, tomate e azeitona

Esta receita foi adaptada de uma salada que comi em Istambul, onde se usam pimentas turcas maravilhosas, com um suave sabor defumado. Descobri que, ao misturar tomates secos ao sol e pimentas em flocos, pode-se obter um sabor semelhante.

4 PORÇÕES

250 g de queijo de coalho em fatias grossas
50 g de pinholes
250 g de tomates-cereja
100 g de azeitonas pretas picadas
dois punhados de folhas de manjericão picadas
100 g de tomates secos em azeite drenados e picados
suco de 1 limão-siciliano
¼ de colher (chá) de pimenta em flocos
1 colher (sopa) de azeite, mais um pouco para o molho (opcional)
sal marinho e pimenta-do-reino moída na hora

COMBINA COM

Costeletas de cordeiro ao molho picante de manga (p. 102)
Pêssegos mexicanos com canela (p. 206)

1 Aqueça uma grelha em fogo alto até fumegar e grelhe os pedaços de queijo de coalho, até obter marcas chamuscadas. Tire do fogo e reserve.
2 Aqueça uma frigideirinha em fogo médio. Junte os pinholes e toste delicadamente por 1-2 minutos, até dourar. Eles mudarão de cor repentinamente, por isso fique atento o tempo todo, sacudindo a panela para que não queimem. Transfira-os para uma travessa para esfriar.
3 Corte os tomates-cereja em tamanhos e formas diferentes: vertical e horizontalmente, em quartos, deixando alguns inteiros. Isso dará um aspecto mais interessante à salada. Coloque-os numa tigela grande e misture com as azeitonas, o manjericão, os tomates secos, o suco de limão, a pimenta em flocos e metade dos pinholes tostados. Tempere com uma pitadinha de sal e uma boa pitada de pimenta-do-reino; misture bem. Deixe azeite suficiente nos tomates secos para envolver bem. Se preciso, adicione um pouco mais de azeite.
4 Para servir, amontoe os tomates-cereja no prato e espalhe por cima os pinholes restantes. Cubra a salada com o queijo grelhado e regue com 1 colher (sopa) de azeite. Tempere com suco de limão e sirva imediatamente.

Salada de feta, nozes e sementes de nigela

1 Para fazer o molho, bata o suco de limão e o azeite numa tigela e tempere com uma boa pitada de sal e pimenta-do-reino. Junte as cebolinhas e deixe descansar por 5 minutos para retirar a acidez.

2 Coloque metade das nozes numa tigela grande e desmanche metade do feta. Despeje por cima o molho, a pimenta verde, o estragão, a salsa e a hortelã; misture tudo.

3 Divida a salada em quatro pratos, espalhe por cima as sementes de nigela, as nozes restantes e o queijo feta e sirva imediatamente.

4 PORÇÕES

50 g de nozes picadas grosseiramente
200 g de feta
1 pimenta verde sem sementes picada
um punhado de folhas de estragão picadas grosseiramente
dois punhados generosos de folhas de salsa picadas grosseiramente
dois punhados generosos de folhas de hortelã picadas grosseiramente
1 colher (chá) de sementes de nigela

MOLHO

suco de 1 limão-siciliano
2 colheres (sopa) de azeite
sal marinho e pimenta-do-reino moída na hora
4 cebolinhas em fatias finas

COMBINA COM

Frango grelhado com coentro e hortelã (p. 64)
Peixe-espada com coentro cremoso e raita de cebola roxa (p. 123)
Brownies de chocolate amargo com cravo e canela (p. 196)

Salada de romã, erva-doce, laranja e agrião

Esta bela salada fresca, enfeitada com sementes de romã e gomos de laranja, apresenta o aroma fresco de anis que vem das lascas e das sementes de erva-doce levemente moídas, usadas no molho que reúne todos os ingredientes.

4 PORÇÕES
1 romã
3 laranjas descascadas em gomos
½ pimenta vermelha sem sementes picada
75 g de agrião
1 bulbo de erva-doce em fatias bem finas ou em lascas

MOLHO
1 colher (chá) de sementes de erva-doce levemente moídas
suco de 1 limão-siciliano
2 colheres (sopa) de suco de laranja
1 colher (sopa) de azeite
sal marinho e pimenta-do-reino moída na hora

COMBINA COM
Espetos de cordeiro grelhado com salada de trigo-sarraceno (p. 106)
Kulfi com cardamomo e pistaches (p. 205)

1 Para fazer o molho, bata todos os ingredientes numa tigela, tempere com uma boa pitada de sal e pimenta-do-reino e reserve.

2 Role a romã para a frente e para trás algumas vezes sobre uma superfície dura para soltar as sementes e então corte-a ao meio. Bata na casca e colete as sementes numa tigela. Isso pode fazer bastante sujeira, por isso use um avental para proteger as roupas e coloque a tigela dentro da pia enquanto estiver batendo – assim ficará fácil de limpar. Retire os pedaços brancos das sementes e coe o excesso de caldo. Transfira as sementes para uma tigela junto com os gomos de laranja, a pimenta vermelha, o agrião e a erva-doce.

3 Despeje o molho sobre a salada, mexa bem e sirva imediatamente.

Pimenta vermelha

Eu simplesmente adoro pimenta vermelha – a minha especiaria predileta. São bonitas e exóticas; das calorosas e mais suaves às secas e defumadas, ou às extremamente ardidas, todas são surpreendentes na cozinha.

A pimenta vermelha tem uma história muito interessante. Cristóvão Colombo esbarrou na América por acidente, enquanto tentava encontrar um caminho mais rápido para as ilhas das especiarias na Indonésia. Os europeus não foram muito receptivos a essa pimenta de sabor estranho, mas os habitantes da colônia portuguesa de Goa, na Índia, ficaram loucos por ela. Então, esse tempero logo substituiu a dispendiosa pimenta-do-reino como condimento na cozinha goana – e finalmente invadiu os pratos do mundo inteiro.

As pimentas frescas geralmente são vermelhas ou verdes e, quanto menores, mais picantes. Temos as maravilhosas pimentas asiáticas, as suaves pimentas jalapeño, as ardidas pimentas scotch bonnet do Caribe e as abrasadoras pimentinhas tailandesas, geralmente usadas inteiras, mas que, para liberar ainda mais ardência, podem ser furadas com uma faca afiada. Ao comprar pimenta, procure as suculentas, firmes e de casca brilhante. A ardência está principalmente nas sementes e na fina camada de pele da parte interna. Por isso, se quiser evitar o ardor excessivo, raspe as sementes e essa camada. Uma rápida lavagem também retirará um pouco mais da ardência. Ao preparar qualquer tipo de pimenta, lembre-se de não esfregar os olhos. As pimentas frescas são muito fortes e normalmente duram no mínimo 1 semana na geladeira.

As pimentas secas são encontradas inteiras, moídas ou em pó e em várias intensidades. Elas têm sabor defumado, encorpado e mais acentuado que as pimentas frescas. Aquelas em pó também proporcionam uma bela cor vermelha. A maioria das pimentas secas e em pó à venda dura cerca de 6 meses bem fechadas no armário.

Se você por acaso exagerar no uso da pimenta em suas criações culinárias, poderá recorrer ao leite de coco, ao creme de leite ou ao iogurte para suavizar o sabor picante. Não beba água, pois isso só acentuará o ardor. Em vez disso, tome um pouco de leite ou iogurte ou coma arroz.

Salada do tigre chinês

Esta salada crocante é um dos meus pratos de acompanhamento favoritos. Na China, é servida como aperitivo para lanches junto com uma bebida ou kebab. É também um acompanhamento perfeito para refogados e arroz. Ainda pode servir como recheio de tortilha, acompanhada de frango no almoço do dia seguinte.

4 PORÇÕES

6 cebolinhas cortadas em rodelas diagonais
1 pimentão vermelho sem sementes em fatias finas
1 pimentão verde sem sementes em fatias finas
2 minialhos-porós cortados ao meio no comprimento em fatias finas
dois punhados generosos de folhas de coentro picadinhas
1 pimenta vermelha em fatias finas
sementes de gergelim para finalizar

MOLHO

2 colheres (sopa) de shoyu
1 colher (sopa) de vinagre de arroz
1 colher (chá) de óleo de gergelim
1 colher (sopa) de sementes de gergelim
½ colher (chá) de pimenta em flocos

COMBINA COM

Carne refogada com pimenta-do-reino e manjericão (p. 89)
Costelas Guyi com cominho, pimenta e shoyu (p. 112)

1. Bata os ingredientes do molho numa tigela grande.
2. Adicione as cebolinhas, os pimentões vermelho e verde, os alhos-porós, o coentro, a pimenta vermelha e misture bem. Espalhe por cima um pouco mais de sementes de gergelim e sirva.

Salada de coco e pimenta-kerabu

1 Para fazer o molho, bata o molho de peixe, o suco de limão e o açúcar numa tigela grande. Rale o gengibre em outro recipiente, descartando as pontas fibrosas, e misture bem.

2 Espalhe a cebola sobre o molho, misture bem e deixe descansar por 5-10 minutos. Isso retira a acidez da cebola.

3 Enquanto isso, toste o coco numa frigideira pequena em fogo médio, mexendo até ficar dourado. Despeje num prato e reserve.

4 Para fazer a salada, adicione o pimentão vermelho, os brotos de feijão, a pimenta vermelha e a hortelã à mistura de cebola e mexa, até todos os ingredientes ficarem bem envolvidos. Transfira para uma tigela, espalhe o coco tostado por cima e sirva imediatamente.

4 PORÇÕES

½ cebola roxa em fatias finas
2 colheres (sopa) de coco ralado
1 pimentão vermelho sem sementes em fatias finas
200 g de brotos de feijão
½ pimenta vermelha sem sementes picada
um punhado de folhas de hortelã picadas grosseiramente

MOLHO

4 colheres (sopa) de molho de peixe
suco de 2 limões
2 colheres (chá) de açúcar
2,5 cm de gengibre sem casca

COMBINA COM

Costeletas de cordeiro com zaatar (p. 104)
Char Kueh Toew (Macarrão de arroz frito com pitus e ovos) (p. 193)
Coquetel de rum, capim-limão e gengibre (p. 216)

Salada jetalah de abacaxi, pepino e pimenta

Esta deliciosa salada malaia é como um raio de sol em sua mesa. Naz, um chef fantástico e meu amigo, me ensinou a fazer este prato quando preparamos uma refeição juntos no mais belo jardim de especiarias em Penang. Desfrutamos do nosso jantar sentados num terraço de frente para o oceano, com o sol se pondo e o ar impregnado por um aroma de cardamomo, cravo e canela.

4 PORÇÕES

½ cebola roxa em fatias finas
6 colheres (sopa) de vinagre de maçã ou vinho de arroz
2 colheres (chá) de açúcar
½ abacaxi descascado
½ pepino cortado ao meio no comprimento em rodelas
1 tomate graúdo sem sementes picado grosseiramente
1 pimenta vermelha sem sementes em fatias finas
1 colher (sopa) de pimenta-do-reino moída na hora
sal marinho

COMBINA COM

Curry de salmão com coco e capim--limão (p. 135)
Batatas fritas do Sri Lanka (p. 166)
Bolo libanês de limão e baunilha (p. 198)

1 Coloque a cebola, o vinagre e o açúcar numa tigela grande. Tempere com uma pitada de sal, misture bem e deixe descansar por 5-10 minutos, para retirar a acidez da cebola.

2 Corte o abacaxi em quartos, retire e descarte o miolo e corte cada pedaço em fatias finas. Em seguida, raspe o miolo das duas metades de pepino, retirando as sementes. Fatie em meias-luas finas.

3 Coloque o abacaxi, o pepino, o tomate, a pimenta vermelha e a pimenta-do--reino numa tigela com a mistura de cebola, mexa tudo muito bem e sirva imediatamente.

+

Salada fattoush

Este é um daqueles pratos perfeitos, cheio de legumes doces e suculentos complementados por um molho pungente, feito com limão e sumagre. Tem uma aparência fantástica e, com todas as texturas diferentes, é também um prato interessante. É extremamente refrescante num dia quente e, nos dias frios, traz o aconchego do sol diretamente à mesa. Embora delicioso sozinho, também fica ótimo com carne grelhada, queijo de coalho grelhado ou um guisado perfumado.

1 Toste o pão sírio até dourar e deixe esfriar.
2 Bata os ingredientes do molho numa tigela grande e tempere com uma boa pitada de sal e pimenta-do-reino. Junte o pepino, a cebola, as azeitonas, os tomates-cereja, a hortelã e a salsa. Misture bem.
3 Depois que o pão esfriar, esmague metade entre as mãos e espalhe os pedaços sobre a salada. Misture tudo muito bem.
4 Transfira a salada para um prato de servir, pique o restante do pão por cima e sirva imediatamente.

4 PORÇÕES
2 pães sírios
1 pepino sem sementes picado grosseiramente
½ cebola roxa pequena em fatias finas
100 g de azeitonas pretas sem caroço
200 g de tomates-cereja cortados ao meio
um punhado grande de folhas de hortelã picadas grosseiramente
um punhado grande de folhas de salsa picadas grosseiramente

MOLHO
3 colheres (sopa) de azeite
suco de 1 limão-siciliano
¼ de colher (chá) de sumagre
sal marinho e pimenta-do-reino moída na hora

COMBINA COM
Perna de cordeiro libanesa com purê de lentilhas picante (p. 97)
Hambúrgueres de falafel com molho de iogurte e tahine (p. 150)

Salada de berinjela Kandy com pimenta e shoyu

4 PORÇÕES

4 colheres (sopa) de óleo vegetal
1 berinjela cortada em fatias de 1,5 cm de espessura
1 dente de alho
1 colher (sopa) de polpa de tomate
2 colheres (sopa) de shoyu
uma pitada de açúcar
1 colher (chá) de pimenta-do-reino moída na hora
suco de ½ limão
½ cebola roxa picada
100 g de tomates-cereja cortados em quartos
1 pimentão verde sem sementes picado
½ pimenta vermelha sem sementes picada

COMBINA COM

Pato pueblano com amêndoas (p. 82)
Merluza no vapor envolta em folha de bananeira (p. 126)

1 Aqueça o óleo numa frigideira grande em fogo médio, junte as fatias de berinjela e mexa bem para que todos os pedaços fiquem revestidos de óleo. Cozinhe, mexendo de vez em quando, por 6 minutos e adicione o alho. Continue a cozinhar por 2 minutos, até a berinjela ficar macia e inteiramente cozida e o alho começar a dourar. Misture a polpa de tomate, o shoyu, o açúcar, a pimenta, o suco de limão e cozinhe por mais 1 minuto.

2 Transfira para uma tigela grande e adicione a cebola, os tomates, o pimentão verde e a pimenta vermelha. Misture bem e sirva imediatamente.

Salada de aspargos, vagem e wasabi

Adoro os sabores simples e definidos desta salada – a vagem crocante, o molho acre e as camadas de especiarias, que vão da pimenta fresca ao wasabi, um tempero que faz cócegas no nariz. Se você come com os olhos, os pontinhos vermelho-escuros da pimenta em contraste com o verde-claro da vagem também vão atraí-lo.

4 PORÇÕES

125 g de aspargos sem as pontas duras picados grosseiramente
200 g de vagens cortadas ao meio
125 g de feijão-verde
sal marinho

MOLHO

suco de 1 limão-siciliano
1 colher (sopa) de azeite
¾ de colher (chá) de pasta de wasabi (raiz-forte)
½ pimenta vermelha sem sementes picada

COMBINA COM

Frango vietnamita com pimenta e capim-limão (p. 56)
Carne refogada com pimenta-do-reino e manjericão (p. 89)

1 Junte uma pitada de sal numa panela grande com água e deixe ferver. Adicione os aspargos e cozinhe por 2 minutos. Junte as vagens e cozinhe por mais 2 minutos, acrescentando então o feijão-verde. Depois de mais 2 minutos, escorra os legumes e lave sob água corrente até ficarem completamente frios. Retire o máximo de água que puder.

2 Bata os ingredientes do molho numa tigela grande e tempere com uma boa pitada de sal. Junte o feijão cozido, misture até ficarem bem cobertos pelo molho e sirva imediatamente.

Salada de frango e pepino de Sichuan

Esta é uma salada chinesa picante e fresca – o frango apimentado e o pepino se equilibram perfeitamente. Pode-se fazer o frango de várias maneiras – assar, cozinhar ou fritar. Os chineses acreditam que comer a pele do frango faz bem à nossa própria pele, por isso, se achar que precisa rejuvenescer, não a retire (embora eu prefira o frango sem pele).

1 Para fazer o molho, aqueça o óleo numa panelinha em fogo baixo por 2 minutos, até pequenas bolhas começarem a aparecer. Tire do fogo e adicione a pimenta em flocos, a pimenta-chinesa, o açúcar, o shoyu e o suco de limão-siciliano. Misture tudo muito bem e reserve por 5-10 minutos, para que o óleo incorpore os sabores.

2 Enquanto isso, corte o frango em pedaços pequenos. Corte o pepino ao meio no sentido do comprimento, raspe as sementes e fatie em pequenas meias-luas.

3 Coloque o frango, o pepino e o coentro numa tigela e regue com o molho. Misture tudo muito bem e sirva imediatamente.

4 PORÇÕES

500 g de frango cozido desossado sem pele
1 pepino
um punhado de folhas de coentro picadas grosseiramente

MOLHO

3 colheres (sopa) de óleo vegetal
2 colheres (sopa) de pimenta suave em flocos
1 colher (chá) de pimenta-chinesa em pó
½ colher (chá) de açúcar
2 colheres (sopa) de shoyu
suco de ½ limão-siciliano

COMBINA COM

Carne de porco de Sichuan com sementes de gergelim (p. 108)
Refogado de legumes da Casa de Chá de Pequim (p. 169)
Bananas caramelizadas do Camboja com gengibre e sorvete de baunilha (p. 212)

Salada indiana de frango, romã e ervas

4 PORÇÕES

500 g de peito de frango desossado sem pele cortado em pedacinhos
2 colheres (sopa) de azeite
1 romã
dois punhados grandes de folhas de hortelã picadas grosseiramente
dois punhados grandes de folhas de coentro picadas grosseiramente
3 cenouras graúdas raspadas e raladas
suco de 1 limão-siciliano

PASTA DE ESPECIARIAS

2 colheres (sopa) de azeite
½ colher (chá) de cúrcuma
½ colher (chá) de pimenta suave em pó
1 colher (chá) de garam masala
2 dentes de alho
1 colher (chá) de sal marinho

COMBINA COM

Arroz pilaf com ervas e especiarias (p. 181)
Arroz frito do Sri Lanka com castanhas de caju e ovos (p. 182)

1 Para fazer a pasta de especiarias, bata todos os ingredientes no miniprocessador, até obter uma pasta cremosa. Coloque a pasta numa tigela, junte o frango e misture bem (assegure-se de que o frango esteja completamente recoberto). Tampe e deixe descansar por 30 minutos, ou a noite toda na geladeira, se tiver tempo.

2 Aqueça o azeite numa frigideira em fogo médio. Junte o frango e cozinhe por 5-6 minutos de cada lado, até ficar dourado, crocante e cozido.

3 Role a romã para a frente e para trás algumas vezes sobre uma superfície firme para soltar as sementes e corte-a ao meio. Bata na casca para soltar as sementes numa tigela. Isso pode fazer sujeira, por isso use um avental para proteger as roupas e coloque a tigela dentro da pia enquanto estiver batendo – desse modo será mais fácil de limpar depois. Retire os pedaços brancos das sementes e coe o excesso de suco.

4 Transfira as sementes de romã para uma tigela com a hortelã, o coentro, as cenouras e o suco de limão e misture bem. Espalhe os pedaços de frango cozido e o suco restante por cima e sirva imediatamente.

Salada marroquina de frango grelhado, brócolis e cuscuz

1 Aqueça uma frigideira em fogo médio. Junte as amêndoas e toste delicadamente por 4-6 minutos, sacudindo a panela de vez em quando, até que fiquem dourado--amarronzadas. Transfira as amêndoas para um prato para esfriar.

2 Para fazer a pasta de especiarias, bata todos os ingredientes no miniprocessador, até obter uma pasta cremosa. Transfira para uma tigela grande.

3 Junte o frango à pasta de especiarias e misture bem, de modo a recobri-lo totalmente. Cubra e deixe marinar por 30 minutos, ou a noite toda na geladeira, se tiver tempo.

4 Aqueça a grelha em fogo alto e grelhe o frango por 5-6 minutos de cada lado, até ficar dourado e cozido.

5 Coloque o cuscuz marroquino numa tigela grande e despeje por cima 250 ml de água morna. Cubra com filme de PVC e deixe por 10 minutos, até ficar macio; em seguida, afofe com um garfo.

6 Enquanto isso, ponha para ferver uma panela com água. Junte o brócolis e cozinhe por 3-4 minutos, até ficar levemente macio. Escorra, passe em água fria e escorra novamente.

7 Coloque o frango preparado, o brócolis, as amêndoas torradas, a hortelã, o suco de limão e o azeite numa tigela com o cuscuz e tempere com uma boa pitada de sal e pimenta-do-reino. Misture tudo muito bem e sirva imediatamente.

4 PORÇÕES
50 g de amêndoas
500 g de coxas de frango desossadas sem pele
150 g de cuscuz marroquino
150 g de brócolis picado grosseiramente
dois punhados generosos de folhas de hortelã picadas grosseiramente
suco de 1 limão-siciliano
2 colheres (sopa) de azeite
sal marinho e pimenta-do-reino moída na hora

PASTA DE ESPECIARIAS
1 dente de alho
1 pimenta vermelha sem sementes
2,5 cm de gengibre sem casca picado grosseiramente
um punhado generoso de folhas de hortelã picadas grosseiramente
1 colher (chá) de cominho em pó
½ colher (chá) de cúrcuma
suco de 1 limão-siciliano
2 colheres (sopa) de azeite
½ colher (chá) de sal marinho

COMBINA COM
Salada de frutas tropicais com molho de pimenta, anis-estrelado, canela e limão (p. 210)

Salada de abacate e pitu

4 PORÇÕES

2 abacates maduros
suco de 3 limões
2 colheres (sopa) de iogurte natural (opcional)
4 cebolinhas picadas
1 pimenta vermelha sem sementes picada
dois punhados grandes de folhas de coentro picadas grosseiramente
250 g de pitus limpos cozidos
¼ de pepino sem sementes picado
sal marinho e pimenta-do-reino moída na hora
páprica defumada para acompanhar
lascas de tortilha para acompanhar

COMBINA COM

Frango refogado com tamarindo e capim-limão (p. 59)
Lula refogada com pimenta e coentro (p. 145)
Cheesecake de manga, laranja e noz-moscada (p. 201)

1 Coloque os abacates e o suco de limão numa tigela grande e amasse-os com um garfo, até obter uma pasta grossa. Se os abacates não estiverem com textura bem cremosa, adicione o iogurte.

2 Despeje as cebolinhas, a pimenta vermelha e o coentro e tempere com uma boa pitada de sal e pimenta-do-reino. Misture tudo muito bem, cubra com filme de PVC e leve à geladeira até a hora de servir.

3 Pouco antes de servir, junte os pitus e o pepino à mistura de abacate e revolva tudo delicadamente. Polvilhe um pouco de páprica e sirva gelado ou em temperatura ambiente com lascas de tortilha para mergulhar no molho.

Salada de hadoque grelhado, maçã e coentro com molho de capim-limão

1 Despeje o suco de limão sobre as fatias de maçã para que não escureçam e reserve.

2 Para preparar o molho, retire as folhas externas mais duras do capim-limão e corte as pontas dos talos. Começando pela extremidade mais larga, fatie grosseiramente cada talo em anéis. Deve aparecer uma faixa roxa neles. Pare de fatiar quando as faixas roxas sumirem e descarte o restante do capim-limão, pois é duro demais para comer. Bata as fatias de capim-limão rapidamente no miniprocessador, até ficarem bem picadas, despeje-as numa tigela com os outros ingredientes do molho, misture bem tudo e reserve.

3 Preaqueça o forno (ou grill) em fogo alto. Pincele o peixe com um pouco de azeite e deixe por 3-4 minutos de cada lado, até o peixe ficar opaco e em flocos; a seguir, corte em pedaços pequenos.

4 Coloque as folhas e os talos do coentro numa tigela grande com a hortelã, a cebola, as maçãs, ¾ do molho e misture bem. Espalhe os pedaços de peixe por cima, regue com o molho restante e sirva imediatamente.

4 PORÇÕES

suco de ½ limão-siciliano
4 maçãs verdes sem casca em fatias
4 filés de hadoque sem pele (cerca de 200 g cada um)
azeite para pincelar
quatro punhados grandes de coentro (folhas picadas grosseiramente e talos bem picados)
quatro punhados grandes de folhas de hortelã picadas grosseiramente
2 cebolas roxas em fatias finas

MOLHO

4 talos de capim-limão
2 colheres (sopa) de molho de peixe
2 colheres (chá) de açúcar
suco de 2 limões
½ colher (chá) de pimenta suave em pó

COMBINA COM

Frango marroquino com canela e limão (p. 67)
Arroz com tomate e coco (p. 187)

Salada de lula e linguiça

Esta salada de cores tão brilhantes, com diferentes texturas e sabores, aguça o paladar. As pimentas frescas, as azeitonas, a cebola roxa e a salsa criam uma base mediterrânea oriental, mas a linguiça é a verdadeira estrela. Ela dá consistência, o que funciona bem com a lula macia, e oferece os sabores intensos de páprica e especiarias liberados durante o cozimento. O frescor do suco de limão une toda a salada.

1 Corte a lula em anéis, conservando os tentáculos inteiros.
2 Aqueça o azeite numa frigideira grande em fogo médio e junte a linguiça. Cozinhe por 3-4 minutos, até começar a dourar e encrespar, mexendo de vez em quando. Espalhe a lula na mesma panela e misture bem. Deixe por 2-3 minutos, até a lula ficar opaca e inteiramente cozida. Tire a panela do fogo, adicione o suco de limão e reserve, até o momento de servir.
3 Para montar a salada, coloque a lula, a linguiça e seus sucos numa travessa. Junte as azeitonas, a cebola, a salsa e a pimenta vermelha e tempere com uma boa pitada de sal e pimenta-do-reino. Misture tudo muito bem, para que os sucos da linguiça e do limão envolvam todos os ingredientes, e sirva imediatamente.

4 PORÇÕES

350 g de minilula limpa
2 colheres (sopa) de azeite
100 g de linguiça picada grosseiramente
suco de 1 limão
140 g de azeitonas pretas picadas grosseiramente
1 cebola roxa picada
dois punhados grandes de folhas de salsa picadas grosseiramente
1 pimenta vermelha sem sementes cortada em tiras finas
sal marinho e pimenta-do-reino moída na hora

COMBINA COM

Pimentões mexicanos de Estella recheados de carne ao molho de pecã (p. 92)
Pêssegos mexicanos com canela (p. 206)
Martíni de maracujá com pimenta (p. 214)

Salada de macarrão de arroz com pitu e capim-limão

4 PORÇÕES

250 g de macarrão de arroz fino
2 colheres (sopa) de óleo vegetal
250 g de pitus cozidos sem casca
1 pimentão vermelho sem sementes picado
dois punhados grandes de folhas de coentro picadas

MOLHO

3 talos de capim-limão
suco de 1 limão
¼ de colher (chá) de açúcar
½ pimenta vermelha sem sementes picada
2 colheres (sopa) de molho de soja
2 colheres (sopa) de óleo vegetal
¼ de colher (chá) de pimenta-do-reino moída na hora
½ colher (sopa) de óleo de gergelim
1 colher (chá) de sal marinho

COMBINA COM

Bifes ao molho de pimenta-do-reino (p. 88)
Lula refogada com pimenta e coentro (p. 145)

1 Cozinhe o macarrão de acordo com as instruções da embalagem, escorra e passe sob água corrente. Quando o macarrão estiver frio, esprema o excesso de água, deixando-o bem seco. O macarrão de arroz é bem forte e não quebra, por isso esprema bem, senão a salada ficará aguada.

2 Regue com o óleo e misture bem. Isso evitará que o macarrão grude. Use uma faca para cortar o macarrão ao meio e novamente ao meio para que se misture melhor aos outros ingredientes da salada.

3 Para preparar o molho, retire as folhas externas muito duras do capim-limão e corte as extremidades dos talos. Fatie grosseiramente começando pela ponta mais larga. Aparecerão faixas roxas nos anéis. Pare de fatiar quando não houver mais essas faixas e descarte o capim-limão restante, que é muito duro para comer. Bata rapidamente os anéis no miniprocessador, até ficarem picadinhos, em seguida despeje numa tigela grande com os outros ingredientes do molho e misture.

4 Acrescente o macarrão cozido, os pitus, o pimentão vermelho e o coentro picado ao molho e mexa bem. Sirva imediatamente ou leve à geladeira para apurar o gosto.

Salada vietnamita de pitu, pepino e hortelã

1 Aqueça uma frigideira em fogo médio. Junte os amendoins e toste-os delicadamente por 2-3 minutos, sacudindo a panela de vez em quando, até que estejam dourado-amarronzados. Transfira para um prato para esfriar.

2 Para preparar o molho, retire as folhas externas mais duras do capim-limão e corte as pontas dos talos. Começando pela extremidade mais larga, fatie cada talo em anéis. Deverá aparecer uma faixa roxa nos anéis. Pare de fatiar quando não houver mais a faixa e descarte o capim-limão restante, pois ele é muito duro para comer. Bata os anéis rapidamente no miniprocessador, até ficarem bem picados. Transfira para uma tigela grande e misture aos outros ingredientes do molho.

3 Coloque os pitus, o pepino, a cenoura, as cebolinhas, a pimenta vermelha, a hortelã e os amendoins numa tigela grande. Regue com o molho, misture tudo muito bem e sirva imediatamente.

4 PORÇÕES
50 g de amendoins sem sal
250 g de pitus cozidos sem casca
½ pepino sem casca em fatias
1 cenoura grande sem casca em fatias finas
2 talos de cebolinha bem picados
½ pimenta vermelha sem sementes picada
um punhado grande de hortelã picada grosseiramente

MOLHO
2 talos de capim-limão
suco de 1 limão
1 colher (sopa) de molho de peixe
1 colher (chá) de açúcar

COMBINA COM
Frango refogado com tamarindo e capim-limão (p. 59)
Cha Ca La Vong (Cação vietnamita apimentado com cúrcuma, macarrão de arroz, amendoins e ervas) (p. 118)

Capim-limão

O capim-limão, como o nome sugere, tem um delicioso sabor terroso de limão e é nativo da Índia e do Sri Lanka. Esta especiaria cítrica anda de mãos dadas com o leite de coco e é usada para temperar todos os tipos de curries, sopas, refogados, marinadas e até chás e sobremesas em toda a Ásia. Seu óleo fortemente aromático é usado como repelente de insetos e conservante natural, e é tão eficaz que é colocado nos antigos manuscritos de papiro para preservá-los para as gerações futuras.

Erva perene, o capim-limão cresce em touceiras maciças com um talo robusto e uma extremidade alta e fina. Todo o sabor está no talo, por isso procure os talos largos de cor clara e evite os que parecerem sem vida e murchos. O capim-limão fresco mantém o sabor por 2 semanas na geladeira.

Pode-se comprar capim-limão fresco, seco (que precisa ficar de molho por algumas horas antes de ser usado), em pó ou em conserva (que é muito macio, podendo ser picado à vontade). Todavia, na minha opinião, a característica mais importante do capim-limão é o seu maravilhoso sabor fresco, e portanto só a versão fresca traz esse componente.

O capim-limão é uma especiaria rija, e é preciso prepará-lo da forma correta, para não haver nenhum fragmento lenhoso na refeição. O primeiro modo de prepará-lo consiste em simplesmente bater nas extremidades grossas dos talos, adicioná-los a qualquer prato que estiver fazendo e retirá-los antes de servir. Desse modo, extrai-se tudo do sabor e nada da textura. Para adotar o segundo modo, retire as folhas externas bem duras e a ponta da extremidade larga. Então, começando pela extremidade larga, fatie o capim-limão em anéis finos. Enquanto estiver fatiando, aparecerá uma faixa roxa nos anéis; quando ela não aparecer mais, descarte o restante do talo, pois essa parte é dura demais para comer. Finalmente, pique os talos ou bata-os no miniprocessador. Esse método é perfeito para refogados, pastas de curry e molhos de salada.

Salada de cherne grelhado ao molho de pimentão, alho e pimenta

4 PORÇÕES

350 g de filés de cherne sem pele nem espinhas
70 g de rúcula
um punhado pequeno de folhas de salsa picadas

MOLHO

2 pimentas vermelhas
2 pimentões vermelhos sem sementes em quartos
2 dentes de alho descascados
1 colher (sopa) de azeite, mais um pouco para pincelar
100 ml de iogurte natural
¼ de colher (chá) de páprica defumada
suco de 1 limão-siciliano
sal marinho e pimenta-do-reino moída na hora

COMBINA COM

Bifes ao molho de pimenta-do-reino (p. 88)
Nasi Goreng (Arroz frito indonésio) (p. 186)

1 Preaqueça o forno a 200°C. Para fazer o molho, fure as pimentas vermelhas com uma faca fina para que não estourem no forno e coloque-as numa assadeira com os pimentões vermelhos e o alho. Regue com o azeite, tempere com uma boa pitada de sal e pimenta-do-reino e misture bem com as mãos. Asse por 20-25 minutos, até dourar e os pimentões ficarem macios. Deixe esfriar.

2 Pique bem metade dos pimentões e coloque numa tigela. Pique grosseiramente a outra metade em pedaços pequenos e reserve. Corte as pontas das pimentas e retire cuidadosamente a pele. Abra, raspe e descarte as sementes e coloque a polpa da pimenta no miniprocessador. Esprema os dentes de alho para tirar a casca e adicione ao miniprocessador. Tempere com uma pitada de sal e pimenta-do-reino e bata, até obter uma pasta cremosa. Transfira para uma tigela com os pimentões bem picados, despeje o iogurte, a páprica e o suco de limão. Misture bem o molho e reserve-o.

3 Preaqueça o forno em temperatura alta. Pincele o peixe com um pouco de azeite e leve ao forno (ou grill) por 3-4 minutos de cada lado, até a polpa ficar branco-leitosa e firme ao toque. Corte o peixe em fatias finas e misture cuidadosamente ao molho.

4 Para servir, misture a rúcula, a salsa e os pimentões restantes e divida em quatro pratos. Coloque o peixe macio e cremoso por cima e sirva imediatamente regado com o molho restante.

CAPÍTULO 2

Aves

Garanto que este capítulo vai deixá-lo entusiasmado com os frangos e patos! Aqui você encontrará refogados, guisados, um frango grelhado e cinco curries diferentes – todos feitos com cinco especiarias ou menos. Mergulhe nas receitas e prove os temperos. O sabor das pimentas--chinesas e das pimentas secas, quando adicionadas ao óleo quente no início da fritura, impregna inteiramente os outros ingredientes, como no Frango Gung Bao. (Aprendi essa dica na China e a sigo sempre que faço um refogado desse país.) "Menos" sempre pode ser "mais" quando se usam especiarias, e o Frango grelhado com coentro e hortelã é uma prova perfeita disso. Adicionando apenas um pouco de garam masala a uma marinada de ervas, o prato adquire um sabor bem marcante. Nada mais simples do que isso!

À ESQUERDA: Frango Gung Bao (p. 60)

Refogado de frango com coco e gengibre

Este refogado do sul da Índia leva apenas um pouco de molho para revestir o frango. É perfeito com dhal e arroz – seus melhores companheiros. Gosto deste prato bem picante e, geralmente, com o dobro da quantidade de pimenta em pó. Prepare-o com a quantia normal para começar e veja o que acha – sempre é possível adicionar mais tempero, o problema é diminuí-lo no final.

4 PORÇÕES

500 g de peito de frango desossado sem pele cortado em cubos
2 colheres (chá) de garam masala
1 colher (chá) de pimenta em pó
1 colher (chá) de sal marinho
2 colheres (sopa) de óleo vegetal
um punhado de coentro, mais um pouco para acompanhar
1 cebola roxa picada
2,5 cm de gengibre sem casca picado
1 colher (sopa) de vinagre de vinho branco
200 ml de leite de coco
arroz no vapor ou dhal para acompanhar

COMBINA COM

Vieiras com pimenta e manjericão (p. 146)
Char Kueh Toew (Macarrão de arroz frito com pitus e ovos) (p. 193)

1 Coloque o frango, o garam masala, a pimenta em pó e o sal numa tigela grande e misture, até envolver completamente a ave. Tampe e reserve por 30 minutos ou deixe a noite toda na geladeira, se tiver tempo.

2 Aqueça uma wok em fogo médio e adicione o óleo vegetal. Quando estiver quente, junte o coentro, a cebola e o gengibre e refogue por 3-4 minutos, até a cebola começar a dourar. Aumente o fogo, junte o frango e refogue por mais 3-4 minutos, até começar a ficar dourado-amarronzado.

3 Despeje o vinagre de vinho branco e o leite de coco e cozinhe por 1-2 minutos, até que o molho se reduza o bastante para revestir o frango com uma fina camada e ele esteja bem cozido e macio.

4 Finalmente, espalhe mais coentro sobre o frango. Misture bem e sirva imediatamente com arroz ou dhal.

Frango vietnamita com pimenta e capim-limão

4 PORÇÕES

6 talos de capim-limão, mais um pouco para finalizar
2 colheres (sopa) de óleo vegetal
4 dentes de alho picados
1 pimenta vermelha sem sementes picada
500 g de coxas de frango desossado sem pele cortadas em pedaços pequenos
2 colheres (sopa) de molho de peixe
1 colher (sopa) de shoyu
uma pitada de açúcar
um punhado de folhas de coentro picadas grosseiramente
macarrão de arroz para acompanhar

COMBINA COM

Salada de berinjela Kandy com pimenta e shoyu (p. 34)
Macarrão com carne bovina e pitu (p. 192)

1 Para preparar o capim-limão, retire as folhas externas bem duras e as pontas dos talos. Começando pela extremidade larga, fatie grosseiramente cada talo em anéis. Deve aparecer uma faixa roxa nos anéis. Pare de fatiar quando não houver mais a faixa roxa e descarte o restante, pois essa parte é dura demais para comer.

2 Aqueça uma wok em fogo alto e junte o óleo. Quando começar a fumegar, adicione o capim-limão, o alho e a pimenta vermelha e refogue, até liberar o aroma. Junte o frango e refogue por 3-4 minutos, até ficar dourado e inteiramente cozido.

3 Despeje o molho de peixe, o shoyu e o açúcar e refogue por mais 30 segundos, juntando o coentro picado ao final. Sirva imediatamente com macarrão de arroz e o capim-limão restante.

Anis-estrelado

Sem dúvida, o anis-estrelado leva o prêmio de especiaria mais bela. Este lindo fruto cor de mogno seco tem oito compartimentos em forma de pétala, e cada um deles armazena uma semente minúscula.

O anis-estrelado é a fruta imatura de uma pequena árvore nativa da China, que ainda é a maior produtora dessa especiaria. Seu nome em chinês significa "oito quartos", embora, como um trevo da sorte, seja possível encontrar anises com 12 pontas. O aroma e o sabor são intensos, o que o levou a ser usado em tantas cozinhas no mundo todo. O anis-estrelado é um dos principais componentes das cinco especiarias chinesas e um dos sabores essenciais aos pratos de carne de cozimento lento. Na culinária indiana, é moído e misturado com outras especiarias para fazer o garam masala. No Vietnã, o sabor de anis adiciona uma nota de frescor ao caldo de seu principal prato de sopa, Pho. No Ocidente, o anis-estrelado é usado frequentemente na cozinha de fusão e fica ótimo no xarope de açúcar regado sobre peras e pêssegos escaldados.

O anis-estrelado é geralmente comprado inteiro e adicionado a óleo quente, caldos e molhos para dar mais sabor. Em recipiente seco e hermético ao abrigo da luz, dura mais de 1 ano. A melhor indicação de seu frescor é o cheiro; quando o anis começa a enfraquecer, o sabor diminui, então é hora de substituí-lo.

Frango grelhado com coentro e hortelã

4 PORÇÕES
500 g de coxas de frango desossado sem pele
azeite para pincelar

MARINADA
um punhado grande de folhas de hortelã
um punhado grande de folhas de coentro
1 pimenta verde sem sementes picada grosseiramente
300 ml de iogurte natural
2 colheres (chá) de garam masala
suco de 1 limão-siciliano
sal marinho

COMBINA COM
Salada de macarrão de arroz com pitu e capim-limão (p. 46)
Curry malaio amarelo de mexilhões (p. 142)

1 Para fazer a marinada, bata todos os ingredientes no processador, até dissolver. Reserve metade da mistura para usar depois como molho e misture o restante com o frango numa tigela grande, até ele ficar completamente envolto. Tampe e deixe marinar na geladeira por 30 minutos ou a noite toda, se tiver tempo.

2 Retire a marinada das coxas de frango para evitar queimá-las e esfregue um pouco de azeite dos dois lados de todos os pedaços. Aqueça uma frigideira com grelha ou uma comum, até fumegar, e frite o frango por 5-6 minutos de cada lado, até dourar e ficar bem cozido.

3 Corte o frango em tiras para servir imediatamente e cubra com a mistura de iogurte reservada.

Frango marroquino com canela e limão

1. Preaqueça o forno a 190°C. Aqueça o azeite numa panela refratária em fogo médio; junte a cebola e a canela. Cozinhe por 6-7 minutos, mexendo de vez em quando, até a cebola começar a dourar.
2. Adicione os tomates, a cúrcuma, a pimenta-do-reino e tempere com uma boa pitada de sal. Misture tudo muito bem e junte o frango. Cubra com camadas alternadas de batatinha e rodelas de limão (não importa a ordem), despeje por cima água fervente suficiente para cobrir. Coloque a panela tampada no forno preaquecido e deixe por 1 hora, até o frango ficar cozido e macio.
3. Recoloque a panela no fogo em temperatura média, retire a tampa e cozinhe por 15 minutos, mexendo de vez em quando e delicadamente, até reduzir o molho. Misture a salsa picada e sirva imediatamente.

4 PORÇÕES

2 colheres (sopa) de azeite
1 cebola fatiada grosseiramente
2,5 cm de canela em pau
2 tomates graúdos picados grosseiramente
½ colher (chá) de cúrcuma
¼ de colher (chá) de pimenta-do-reino moída na hora
1,5 kg de pernas e coxas de frango desossado sem pele
300 g de batatinhas fatiadas
1 limão-siciliano orgânico em fatias finas sem sementes
dois punhados grandes de salsa picada
sal marinho

COMBINA COM

Salada fattoush (p. 33)
Berinjelas queimadas com especiarias indianas e coentro (p. 161)
Syllabub de baunilha e mel (p. 202)

Kerala Korma

Descobri esta maravilhosa versão do korma clássico nas montanhas de Kerala, no sul da Índia. Quando eu era criança, meus pais frequentemente serviam kormas, um curry suave, a mim e a meus irmãos, como uma maneira de acostumar-nos às delícias dos curries mais apimentados. À medida que meu gosto por todas as coisas picantes aumentou, deixei esse curry introdutório para trás e saí em busca de um novo mundo de delícias desse tipo. Esta receita moderna é, sem dúvida, uma razão para revisitar o korma. Fresca, salgada e com o toque picante da pimenta, fica a 1 milhão de quilômetros de distância do curry doce, que é delicado e servido em tantos restaurantes indianos locais.

4 PORÇÕES

500 ml de creme (ou leite) de coco
50 g de castanhas de caju
2,5 cm de gengibre sem casca
½ pimenta verde sem sementes
1 colher (chá) de coentro em pó
½ colher (chá) de cominho em pó
1½ colher (chá) de sal marinho
2 colheres (sopa) de óleo vegetal
1 cebola graúda picada
um punhado de coentro
500 g de coxas de frango desossado sem pele em fatias finas
suco de 1 limão
arroz para acompanhar

COMBINA COM

Costeletas indianas de espinafre com raita (p. 163)
Dhal de lentilhas (p. 174)

1 Coloque o creme (ou leite) de coco, as castanhas de caju, o gengibre, a pimenta verde, o coentro em pó, o cominho e o sal no processador e bata, até obter um molho cremoso.

2 Aqueça o óleo numa caçarola em fogo médio, junte a cebola e cozinhe por 6-8 minutos, mexendo de vez em quando, até a cebola dourar. Despeje o molho de coco, misture bem e cozinhe em fogo médio por 1 minuto, mexendo sem parar; adicione o coentro.

3 Acrescente o frango e o suco de limão e deixe ferver. Tampe, reduza o fogo e refogue por 12-15 minutos, até que o frango esteja inteiramente cozido e macio e o molho, grosso. Se ele ficar espesso e grudento, junte um pouco de água quente para afiná-lo. Sirva imediatamente com arroz.

Frango indiano com curry de espinafre

Aonde quer que eu fosse na Índia, havia uma versão diferente deste curry clássico: às vezes o principal ingrediente era o cordeiro, outras vezes o queijo indiano *paneer* (que é um ótimo substituto para os vegetarianos). Na minha versão, usei frango e deixei o liquidificador fazer a maior parte do trabalho, o que o torna bonito e prático. Se quiser uma versão saudável, exclua o creme de leite – ainda assim, ficará saboroso.

4 PORÇÕES

250 g de miniespinafre
1½ colher (chá) de garam masala
1 colher (chá) de sal marinho
1 cebola graúda picada grosseiramente
2 tomates em quartos
4 dentes de alho
2,5 cm de gengibre sem casca picado grosseiramente
½ pimenta verde sem sementes
2 colheres (sopa) de óleo vegetal
2 colheres (chá) de sementes de cominho
500 g de coxas de frango desossado sem pele em pedacinhos
60 ml de creme de leite (opcional)

COMBINA COM

Gobi Masala (Couve-flor refogada indiana) (p. 172)
Arroz pilaf com ervas e especiarias (p. 181)

1 Ferva uma panela grande com água até a metade e junte o espinafre. Cozinhe por 1-2 minutos, até começar a murchar; escorra e reserve a água do cozimento. Coloque o espinafre e 100 ml da água do cozimento no processador ou liquidificador e bata até obter um purê cremoso. Lembre-se de deixar uma pequena abertura na tampa para o vapor sair. Transfira o espinafre para uma tigela e deixe esfriar.

2 Usando o mesmo processador (não é preciso lavar), bata o garam masala, o sal, a cebola, os tomates, o alho, o gengibre, a pimenta verde e um pouco de água, até dissolver.

3 Aqueça o óleo numa panela grande em fogo médio e despeje as sementes de cominho. Espere até começarem a se abrir e despeje a mistura de tomate. Misture rapidamente, tampe, reduza o fogo e refogue por 30 minutos, mexendo de vez em quando.

4 Despeje o espinafre, o frango e o creme de leite, se usar, e misture bem. Aumente o fogo para médio-alto e cozinhe por 12-15 minutos, mexendo de vez em quando, até o frango ficar bem cozido e macio.

Frango de Bangcoc com alho e pimenta-do-reino

Gosto de buscar inspiração em todos os lugares aonde vou. Adoraria ter experimentado este refogado pela primeira vez sentado numa mon khwon (almofada triangular tailandesa) na praia, olhando o sol se pôr sobre o golfo da Tailândia, ou acotovelado junto a uma minúscula mesa de plástico no famoso mercado Chatuchak. Infelizmente, não foi assim: eu o comi na estéril praça de alimentação de um imenso shopping de Bangcoc. Mas pouco importa – ele continua sendo um prato incrível. Não se espante com a aparentemente louca quantidade de alho; cozinhá-lo primeiro abranda o sabor, de modo que o que sobra é um sabor doce, espesso e não demasiado pungente.

4 PORÇÕES

4 colheres (sopa) de óleo vegetal
8 dentes de alho em fatias
500 g de peito de frango desossado sem pele em tiras bem finas
2 colheres (chá) de pimenta-do-reino moída na hora
1 colher (sopa) de caldo de peixe
uma pitada de açúcar
suco de 1 limão

COMBINA COM

Arroz basmati com frutos do mar (p. 178)
Cheesecake de manga, laranja e noz-moscada (p. 201)

1. Aqueça uma wok em fogo alto e junte o óleo. Quando estiver quente, refogue o alho, até começar a dourar, retire com a escumadeira e coloque sobre papel-toalha. Fique bem atento ao alho enquanto estiver cozinhando – se começar a escurecer rapidamente, retire a wok do fogo imediatamente para que o alho não queime.
2. Descarte metade do óleo da wok e reaqueça o resto em fogo alto. Junte o frango e refogue por 3-4 minutos, até ficar dourado, cozido e tenro.
3. Acrescente a pimenta-do-reino, o caldo de peixe, o açúcar, o suco de limão e o alho refogado. Misture tudo e sirva imediatamente.

Frango ao molho de sementes de mostarda e macadâmia

1 Para fazer a pasta de especiarias, bata todos os ingredientes no miniprocessador com 2 colheres (sopa) de água, até dissolver.

2 Aqueça uma wok em fogo alto e junte o óleo. Quando fumegar, junte a cebola e refogue por 3-4 minutos, até dourar. Acrescente as sementes de mostarda e refogue até começarem a estourar no óleo. Junte a pasta de especiarias e deixe por mais 30 segundos, até liberar o aroma.

3 Diminua o fogo para médio e junte o frango, o shoyu, o vinagre de vinho branco e 60 ml de água fervente. Misture bem e cozinhe por 10-12 minutos, mexendo de vez em quando, até que o frango esteja totalmente cozido e macio e o molho, bem grosso. Espalhe por cima o coentro picado e sirva imediatamente com arroz.

4 PORÇÕES
2 colheres (sopa) de óleo vegetal
1 cebola picada grosseiramente
2 colheres (chá) de sementes de mostarda preta
500 g de coxas de frango desossado sem pele em pedacinhos
2 colheres (sopa) de shoyu
1 colher (sopa) de vinagre de vinho branco
folhas de coentro picadas para enfeitar
arroz para acompanhar

PASTA DE ESPECIARIAS
50 g de macadâmia sem sal
2 pimentas vermelhas sem sementes
2,5 cm de gengibre sem casca picado grosseiramente
2 colheres (chá) de coentro em pó
½ colher (chá) de cúrcuma

COMBINA COM
Salada de cherne grelhado ao molho de pimentão, alho e pimenta (p. 50)
Nasi Goreng (Arroz frito indonésio) (p. 186)

Frango à mexicana com iogurte e amêndoas

1 Aqueça o azeite numa panela refratária em fogo alto. Junte as coxas de frango e cozinhe, com a pele voltada para baixo, por 3-4 minutos, até a pele adquirir uma cor dourada. Vire o frango para cima, coloque o alho e cozinhe mais um pouco, até liberar o aroma. Despeje o caldo de frango e deixe ferver. Tampe, diminua o fogo e cozinhe lentamente por 20 minutos, até que o frango esteja tenro.

2 Enquanto isso, aqueça uma frigideira média em fogo médio-alto, junte as pimentas jalapeño e os pimentões vermelhos. Chamusque-os virando de vez em quando por 3-4 minutos, até que apresentem áreas negras. Isso dará o sabor defumado tão típico da cozinha mexicana. Quando estiverem frios o suficiente para ser manuseados, retire a pele e as sementes das pimentas e as partes realmente chamuscadas dos pimentões. Fatie os pedaços de pimentão e as pimentas.

3 Coloque as amêndoas no processador e acione o botão "pulsar" algumas vezes. As amêndoas devem ficar bem moídas, conservando, no entanto, a textura crocante.

4 Ponha o frango para ferver novamente em fogo médio, junte as pimentas, os pimentões, as amêndoas, as cebolinhas e o suco de laranja e tempere com uma boa pitada de sal e pimenta-do-reino. Misture tudo muito bem e cozinhe por 10 minutos.

5 Adicione o iogurte, diminua o fogo e refogue lentamente por mais 10 minutos, mexendo de vez em quando, até o molho adquirir a textura de uma sopa espessa. Sirva imediatamente com lascas de tortilha à parte.

4 PORÇÕES

2 colheres (sopa) de azeite
4 coxas de frango (cerca de 150-200 g cada uma)
2 dentes de alho picados
300 ml de caldo de frango
2 pimentas jalapeño vermelhas
2 pimentões vermelhos sem sementes, cada um cortado em 8 partes
50 g de amêndoas sem pele
4 cebolinhas picadas
suco de 1 laranja
270 ml de iogurte natural
sal marinho e pimenta-do-reino moída na hora
lascas de tortilha para acompanhar

COMBINA COM

Salada de feta, nozes e sementes de nigela (p. 21)
Arroz basmati com frutos do mar (p. 178)
Chocolate maia picante (p. 213)

Cominho

Apreciada no mundo todo, esta especiaria maravilhosa é usada de várias maneiras, seja para aromatizar queijos, seja para preparar curries. Isso porque o cominho tem um adorável sabor terroso, e as pequenas sementes estreitas e compridas são repletas de óleos essenciais que conferem um aroma marcante que sempre me faz voltar à cidade de Fez, no Oriente Médio.

O cominho pode ser usado inteiro ou em pó. As sementes geralmente são adicionadas ao azeite quente no início do cozimento, o que proporciona um sabor de nozes ao prato. A versão em pó pode ser usada em quantidades variadas e é um ingrediente essencial à maioria dos curries.

É comum ouvir chefs falando sobre "tostar temperos a seco" antes de moê-los. O que eles querem dizer com isso é que se deve colocar as sementes numa frigideira, sem óleo nenhum, e tostá-las lentamente em fogo baixo, sacudindo a panela, até sentir o cheiro da especiaria. O calor libera os óleos essenciais das sementes, o que acentua o seu sabor. Espere que esfriem bem antes de moê-las, ou elas não se romperão devidamente.

Quando se cozinha com cominho ou com outra especiaria qualquer, é preciso fazê-lo com amor. As sementes podem queimar facilmente, o que as deixa amargas.

O cominho em pó dura cerca de 6 meses, e as sementes inteiras conservam-se muito bem por cerca de 1 ano. Ambos devem ser guardados em recipiente seco e hermeticamente fechado abrigado na sombra.

Frango Kadahi

Adoro o fato de que um curry possa ser tão fresco, saudável e estimulante, e meu Frango Kadahi é uma prova de que não é preciso mais do que cinco especiarias para fazer um curry espetacular. As sementes de cominho conferem uma base maravilhosa com gosto de nozes, enquanto os sabores simples do alho, do gengibre, do garam masala e da cúrcuma se associam para oferecer todo o resto do sabor. O suco de limão refresca o curry, realçando ainda mais os temperos.

4 PORÇÕES

2 colheres (sopa) de óleo vegetal
2 colheres (chá) de sementes de cominho
1 cebola graúda picadinha
1 pimenta verde sem sementes picada
2,5 cm de gengibre sem casca picado
4 tomates picados grosseiramente
1 colher (chá) de garam masala
½ colher (chá) de cúrcuma
1½ colher (chá) de sal
500 g de coxas de frango desossado sem pele em tiras finas
1 pimentão verde sem sementes em tiras finas
suco de ½ limão-siciliano
arroz para acompanhar (opcional)

COMBINA COM

Berinjelas cambojanas assadas com gengibre e coco (p. 170)
Dhal de lentilhas (p. 174)

1 Aqueça a wok em fogo médio e junte o óleo. Despeje as sementes de cominho, deixe-as crepitarem por alguns segundos e adicione a cebola. Refogue por 3-4 minutos, até a cebola começar a dourar; junte a pimenta verde, o gengibre, os tomates, o garam masala, a cúrcuma e o sal. Misture bem e refogue por 5-6 minutos, até os tomates começarem a desmanchar e a formar um molho.

2 Acrescente o frango e o pimentão verde, diminua o fogo e cozinhe por 12-15 minutos, mexendo de vez em quando, até que o frango esteja totalmente cozido. Junte o suco de limão e dê mais uma mexida. Sirva imediatamente com arroz, se quiser.

Frango crocante de Rosamma com pimenta

4 PORÇÕES

1,5 kg de coxas e sobrecoxas de frango com osso e pele
2 colheres (sopa) de óleo vegetal, mais cerca de 350 ml para fritura superficial
1 cebola graúda picada
2 colheres (sopa) de farinha de trigo
um punhado de coentro
suco de ½ limão-siciliano

PASTA DE ESPECIARIAS

8 dentes de alho
2,5 cm de gengibre sem casca
2 colheres (chá) de pimenta em pó suave
¼ de colher (chá) de cúrcuma
1½ colher (chá) de sal marinho
2 colheres (sopa) de vinagre de vinho branco

COMBINA COM

Dhal de lentilhas (p. 174)
Batatas fritas do Sri Lanka (p. 166)
Caçarolas de molho de gengibre no vapor (p. 199)

1 Bata todos os ingredientes da pasta de especiarias no processador até homogeneizarem. Passe a pasta para uma tigela grande; coloque o frango e misture-o bem até sua carne ficar totalmente recoberta. Cubra e reserve por 30 minutos, ou deixe durante a noite na geladeira.

2 Aqueça 2 colheres (sopa) de óleo em fogo médio, numa frigideira grande ou wok. Coloque a cebola e refogue-a por 6-8 minutos, até dourar. Junte o frango, o tempero que estiver na tigela e 600 ml de água fervente, que deve cobrir tudo. Quando ferver, abaixe o fogo e deixe cozinhar, mexendo de tempos em tempos, por 40-45 minutos, ou até o frango cozinhar e o caldo reduzir pela metade.

3 Retire o frango com uma escumadeira e reserve o caldo. Quando o frango estiver morno, empane-o com a farinha de trigo. Aqueça o óleo em uma panela, em fogo médio: o óleo deve cobrir toda a carne. Quando começar a borbulhar, coloque 3-4 pedaços de frango por vez e frite-os por 2-3 minutos de cada lado, até ficarem crocantes. Escorra em papel-toalha.

4 Coloque o caldo numa wok ou panela em fogo médio e deixe ferver. Adicione o coentro e cozinhe por 10-12 minutos, mexendo regularmente, até engrossar.

5 Adicione o frango e misture tudo muito bem, até o caldo recobrir todos os pedaços de carne. Esprema o limão e sirva em seguida.

Pato com curry vermelho tailandês

1 Tire os peitos de pato da geladeira pelo menos 30 minutos antes de prepará-los, para que não estejam frios demais para cozinhar por dentro.

2 Para preparar a pasta de curry, retire as folhas externas bem duras do capim-limão e corte fora as pontas dos talos. Começando pela ponta mais larga, fatie em anéis. Deve aparecer uma faixa roxa nos anéis. Pare de fatiar quando não houver mais faixa roxa e descarte o capim-limão restante, que é duro demais para comer. Coloque o capim-limão picado no miniprocessador com os outros ingredientes da pasta de curry e bata até amaciar.

3 Aqueça 2 colheres (sopa) de óleo numa wok grande em fogo médio. Junte a pasta de curry e refogue, mexendo sem parar, até liberar o aroma. Despeje o leite de coco, o molho de peixe e o suco de limão e misture bem. Aumente o fogo para alto e espere ferver; diminua o fogo e cozinhe por 10 minutos, mexendo de vez em quando, até o molho reduzir levemente.

4 Aqueça o óleo restante numa frigideira grande em fogo médio. Junte com cuidado os peitos de pato e cozinhe por 6-7 minutos de cada lado, até ficarem dourados por fora mas levemente cor-de-rosa no centro. Tire da panela, deixe esfriar um pouco e corte em pedacinhos.

5 Transfira o pato para a wok com o molho de curry, misture delicadamente e cozinhe em fogo médio por 2-3 minutos, para que o pato absorva os sabores das especiarias e do leite de coco. Sirva imediatamente com arroz.

4 PORÇÕES

4 peitos de pato sem pele (cerca de 175-200 g cada um)
4 colheres (sopa) de óleo vegetal
400 ml de leite de coco
2 colheres (sopa) de molho de peixe
suco de ½ limão
arroz para acompanhar

PASTA DE CURRY

2 talos de capim-limão
40 g de amendoins torrados sem sal
2 pimentas vermelhas sem sementes
2 colheres (chá) de coentro em pó
1 colher (chá) de cominho em pó
½ colher (chá) de pimenta-do-reino moída na hora

COMBINA COM

Salada jetalah de abacaxi, pepino e pimenta (p. 30)
Arroz com tomate e coco (p. 187)

Pato pueblano com amêndoas

4 PORÇÕES

4 peitos de pato com pele (cerca de 175-200 g cada um)
5 colheres (sopa) de azeite
4 tomates picados grosseiramente
30 g de pão francês rasgado em pedaços pequenos
60 g de amêndoas
5 cm de canela em pau
6 cravos-da-índia
2 pimentas vermelhas secas
300 ml de caldo de frango
sal marinho e pimenta-do-reino moída na hora
1 colher (sopa) de amêndoas laminadas torradas para acompanhar

COMBINA COM

Salada de romã, erva-doce, laranja e agrião (p. 22)
Arroz basmati com frutos do mar (p. 178)
Bananas caramelizadas do Camboja com gengibre e sorvete de baunilha (p. 212)

1 Tire os peitos de pato da geladeira pelo menos 30 minutos antes de prepará-los, para que não estejam frios demais para cozinhar por dentro.

2 Aqueça 3 colheres (sopa) do azeite numa panela grande em fogo médio, junte os tomates, o pão francês, as amêndoas, a canela em pau, os cravos e as pimentas vermelhas secas. Misture bem para que tudo fique envolvido pelo azeite. Frite por 4-5 minutos, até os tomates começarem a desmanchar, mexendo de vez em quando para não queimar. Despeje a mistura de tomate no processador com 200 ml de água e bata por 4-5 minutos até dissolver.

3 Recoloque na panela e junte o caldo de frango; misture bem e deixe ferver em fogo alto. Diminua o fogo e cozinhe, parcialmente tampado, por 25 minutos, para reduzir levemente o líquido e apurar o gosto.

4 Tempere os peitos de pato dos dois lados com um pouco de sal e pimenta-do-reino. Aqueça as 2 colheres (sopa) restantes de azeite numa frigideira grande em fogo médio e frite os peitos de pato por 5-6 minutos de cada lado, até ficarem dourados por fora mas ainda rosados no centro. Tire-os da panela, fatie em 3 ou 4 pedaços e recoloque na panela.

5 Reaqueça o molho e coloque por cima dos peitos de pato. Deixe descansar por 5 minutos e sirva então com as amêndoas laminadas torradas espalhadas por cima.

CAPÍTULO 3

Carnes

Este capítulo mostra como se pode criar uma variedade de pratos inspiradores e saborosos com apenas algumas especiarias bem escolhidas. Aqui há um pouco de tudo – tacos deliciosos, kebabs suculentos, refogados picantes, curries substanciosos, guisados perfumados, pimentões recheados, grelhados delicados e assados sofisticados. Se você é novato no uso de especiarias, a Carne refogada com pimenta-do-reino e manjericão é um ótimo prato para começar. É muito simples e depende apenas da pimenta-do-reino para obter o sabor picante de base. Sempre fico admirado com a quantidade de pratos que podem ser feitos com apenas algumas especiarias básicas. A intensidade do sabor que se desprende do cominho, do coentro, da canela e da noz-moscada, como utilizados na receita de Perna de cordeiro libanesa com purê de lentilhas picante, é um exemplo perfeito – são dois pratos e apenas quatro especiarias!

À ESQUERDA: Salada Al Pastor de carne suína e abacaxi (p. 110)

Burritos de carne de panela

4 PORÇÕES

500 g de carne bovina cozida na panela
2 colheres (sopa) de azeite
1 cebola pequena picada
3 dentes de alho picados
4 tomates bem picados
½ colher (chá) de orégano seco
½ colher (chá) de tomilho seco
1 pimenta jalapeño verde sem sementes picada
1 colher (sopa) de vinagre de vinho branco ou de maçã
1 colher (sopa) de polpa de tomate
uma pitada de açúcar
8 tortilhas pequenas de farinha de trigo (grelhadas, se preferir)
200 ml de creme de leite fresco com gotas de limão
1 alface em fatias finas
4 rabanetes em fatias finas
75 g de feta
sal marinho e pimenta-do-reino moída na hora

COMBINA COM

Frijoles negros (Feijão mexicano refogado com alho, pimenta-malagueta e coentro) (p. 175)
Syllabub de baunilha e mel (p. 202)

1 Ponha uma panela grande com água para ferver. Junte a carne, diminua o fogo e cozinhe por 30 minutos, até que a carne esteja bem cozida. Tire-a da água e deixe esfriar.

2 Enquanto isso, aqueça o azeite numa panela grande em fogo médio. Junte a cebola e o alho e cozinhe por 6-8 minutos, mexendo de vez em quando, até a cebola dourar. Acrescente os tomates, o orégano, o tomilho, a pimenta jalapeño, o vinagre, a polpa de tomate e o açúcar e tempere com uma boa pitada de sal e pimenta-do-reino. Diminua o fogo, tampe a panela e cozinhe por 20 minutos; destampe e cozinhe por mais 10 minutos, mexendo de vez em quando, até a mistura ficar bem espessa.

3 Desmanche a carne em pedacinhos e adicione à panela com o molho de tomate. Misture bem, aumente o fogo para médio e cozinhe por 3-4 minutos, até a carne aquecer por igual.

4 Para montar os burritos, coloque uma colherada cheia de carne no centro de cada tortilha com uma boa quantidade de creme de leite. Espalhe por cima um pouco de alface, rabanete e feta. Enrole a tortilha ou deixe-a aberta, a gosto, e sirva imediatamente.

Bifes ao molho de pimenta-do-reino

Este molho cambojano picante combina muito bem com um bife suculento. Meu favorito é o de contrafilé, que, preparado em temperatura ambiente e cozido rapidamente, fica bonito e malpassado, mas você pode usar outro corte e cozinhá-lo da maneira que preferir.

4 PORÇÕES

4 contrafilés (cerca de 250 g cada um)
2 colheres (sopa) de azeite
sal e pimenta-do-reino moída na hora

MOLHO

2 dentes de alho picados grosseiramente
1 colher (chá) de sal marinho
1 colher (chá) de pimenta-do-reino moída na hora
½ colher (chá) de açúcar
suco de 1 limão-siciliano
1 colher (sopa) de molho de ostra

COMBINA COM

Salada do tigre chinês (p. 26)
Salada de macarrão de arroz com pitu e capim-limão (p. 46)
Brownies de chocolate amargo com cravo e canela (p. 196)

1 Tire os bifes da geladeira pelo menos 20 minutos antes de prepará-los, para que não estejam muito frios para cozinhar por dentro. Tempere dos dois lados com uma boa pitada de sal e pimenta-do-reino.

2 Para fazer o molho, bata o alho e o sal no processador, até obter uma pasta. Ou polvilhe o sal sobre os dentes de alho e amasse-os com o dorso de uma faca, esfregando até formarem uma pasta. Coloque a pasta numa tigelinha com os ingredientes restantes do molho, junte 1 colher (sopa) de água e misture bem. Deixe descansar no mínimo por 10 minutos para apurar o gosto.

3 Aqueça a frigideira em fogo alto, junte o azeite e frite os bifes por 1,5-2 minutos de cada lado. Não toque neles antes desse tempo, o que permitirá que se forme uma bela crosta dourada.

4 Deixe os bifes descansarem por 5 minutos e sirva com o molho.

Carne refogada com pimenta-do-reino e manjericão

O sal e a pimenta-do-reino honram a maior parte das cozinhas, mas não se esqueça de que a pimenta é a rainha das especiarias. Usada generosamente, ela oferece o sabor mais perfumado e picante, que funciona perfeitamente com a carne. Junte alho e gengibre para dar frescor e vinagre balsâmico para um toque acre moderno, e você terá um refogado incrível.

1 Aqueça uma wok em fogo alto e junte o óleo. Assim que o óleo esquentar, adicione a carne fatiada e refogue por 1-2 minutos, até ficar dourada.

2 Acrescente o alho, o gengibre e a pimenta-do-reino e refogue por mais 1 minuto, depois adicione o açúcar, o shoyu light, o vinagre e o manjericão. Misture bem e sirva imediatamente.

4 PORÇÕES

2 colheres (sopa) de óleo vegetal
500 g de filé de carne bovina em fatias finas
4 dentes de alho picadinhos
2,5 cm de gengibre sem casca picado
2 colheres (chá) de pimenta-do-reino moída na hora
uma pitada de açúcar
1 colher (sopa) de shoyu light
1 colher (sopa) de vinagre balsâmico
um punhado grande de folhas de manjericão picadas

COMBINA COM

Frango crocante de Rosamma com pimenta (p. 80)
Refogado de legumes da Casa de Chá de Pequim (p. 169)
Caçarolas de molho de gengibre no vapor (p. 199)

Pimenta-do-reino

Não há livro de receitas que não mencione a pimenta-do-reino. Todos nós a conhecemos, todos nós a usamos e continuará sendo assim por muito tempo. É justamente a pungência ardente da pimenta o que a torna tão apreciada. No passado, aromatizava alimentos suaves com seu maravilhoso efeito estimulante e a carne salgada se tornava palatável com a pimenta-do-reino, o que deu origem à moderna parceria "sal e pimenta" como tempero.

A pimenta-do-reino é nativa da costa de Malabar, na Índia, de onde foi exportada por milhares de anos. Os indianos apreciam essa preciosa especiaria desde 2000 a.C. Os antigos gregos e romanos começaram a importá-la da Índia para temperar a comida e, após o declínio do Império Romano, os persas e árabes passaram a comercializá-la com a Europa. Foi um sucesso instantâneo, que fez com que esse tempero desempenhasse um papel importante na formação do mundo moderno. Os portos europeus de Veneza e Gênova se expandiram e, na busca por novas rotas comerciais para essa valiosa mercadoria, Colombo descobriu um lugarzinho chamado América!

Há inúmeras variedades de pimenta-do-reino: preta, verde, branca, vermelha e até rosa. Com exceção da rosa, todas derivam da mesma planta. A verde é o fruto imaturo, que se torna vermelho quando maduro e preto quando seco – do qual gostamos tanto. Quando deixado de molho em salmoura, a casca é retirada e a semente fica branca.

As belas bagas da pimenta crescem em pequenos cachos em trepadeiras que se prendem a árvores hospedeiras nas florestas tropicais. Enquanto viajava, tive muita sorte de estar em Kerala em plena colheita de pimenta. Os coletores subiam nas árvores e apanhavam a preciosa safra, que era então posta para secar em montículos sob o sol da tarde.

Pimentões mexicanos de Estella recheados de carne ao molho de pecã

4 PORÇÕES

2 colheres (sopa) de azeite, mais um pouco para regar
1 cebola graúda picada
250 g de carne moída
2 dentes de alho picados
1 colher (chá) de cominho em pó
¼ de colher (chá) de cravo em pó
½ colher (chá) de pimenta em flocos
25 g de amêndoas picadas grosseiramente
4 tomates picados
250 ml de caldo de carne
um punhado de folhas de coentro picadas, mais um pouco para finalizar
2 pimentões vermelhos cortados ao meio transversalmente sem sementes
sal marinho e pimenta-do-reino moída na hora

MOLHO

50 g de nozes-pecãs, mais um pouco para finalizar (opcional)
150 ml de creme de leite fresco com gotas de limão

COMBINA COM

Salada jetalah de abacaxi, pepino e pimenta (p. 30)
Cheesecake de manga, laranja e noz-moscada (p. 201)

1 Preaqueça o forno a 190°C. Aqueça o azeite numa frigideira grande em fogo médio, junte a cebola e cozinhe por 6-8 minutos, mexendo de vez em quando, até a cebola dourar. Adicione a carne moída, o alho, o cominho, o cravo, a pimenta em flocos, as amêndoas, os tomates e o caldo de carne e tempere com uma boa pitada de sal e pimenta-do-reino. Misture bem e cozinhe por 10-12 minutos, até que a carne esteja bem cozida, e o molho, reduzido e espesso. Junte o coentro picado e misture bem.

2 Com uma colher, recheie as metades de pimentão, regue com um pouco de azeite e asse no forno preaquecido por 20-25 minutos, até estarem macios e começarem a ficar dourado-amarronzados.

3 Enquanto isso, coloque todos os ingredientes do molho no processador com um pouco de água e bata até dissolverem completamente. Espalhe por cima dos pimentões recheados, salpique um pouco de coentro picado e sirva imediatamente. Ou então sirva com o molho separado, espalhando as nozes por cima.

Kebabs Ciya Shish

Estes kebabs são deliciosos – carne suculenta com nozes crocantes, queijo, um adorável sumagre ácido, ervas frescas e tortilhas crocantes. Tradicionalmente, os kebabs são grelhados sobre carvão em enormes espetos de metal, mas eu uso apenas pinças para virar a carne. Fique à vontade para usar os espetos, se preferir.

4 PORÇÕES

400 g de carne moída
1 colher (chá) de cominho em pó
2 colheres (sopa) de azeite, mais um pouco para pincelar
250 ml de iogurte natural
4 tortilhas de farinha de trigo
50 g de nozes picadas grosseiramente
125 g de mussarela fresca escorrida em fatias
um punhado de folhas de salsa picadas
um punhado de folhas de hortelã picadas
4 cebolinhas em fatias finas
1 colher (chá) de sumagre, mais um pouco para finalizar
fatias de limão para acompanhar
sal marinho e pimenta-do-reino moída na hora

COMBINA COM

Salada de queijo grelhado, tomate e azeitona (p. 18)
Salada de abacate e pitu (p. 42)

1 Preaqueça o forno em temperatura alta. Numa tigela grande, tempere a carne moída com uma boa pitada de sal e pimenta-do-reino, adicione o cominho e misture bem. Divida a carne temperada em 8 porções, enrole em linguiças de 14 cm de comprimento e pincele com um pouco de azeite. Coloque os kebabs no forno bem quente (ou grill) e deixe até começarem a ficar dourado-amarronzados, cozidos e macios.

2 Coloque 1 colher (sopa) de iogurte no meio de cada tortilha e espalhe com a colher. Espalhe ¼ das nozes, a mussarela, a salsa, a hortelã e as cebolinhas sobre cada tortilha, tempere cada uma com uma pitada de sumagre, sal e pimenta-do-reino. Coloque dois kebabs cozidos por cima e enrole a tortilha firmemente, comprimindo as laterais ao mesmo tempo.

3 Aqueça o azeite numa frigideira em fogo médio e frite os kebabs por 1 minuto de cada lado, até ficarem dourado-amarronzados e crocantes. Corte-os ao meio e sirva imediatamente com o iogurte restante, ou polvilhe o sumagre e adicione fatias de limão.

Perna de cordeiro libanesa com purê de lentilhas picante

1 Coloque o cominho, o coentro, a canela, a noz-moscada e o azeite numa tigela grande com uma boa pitada de sal e misture bem. Acrescente o cordeiro e esfregue--o com a pasta até ficar bem revestido. Cubra com filme de PVC e reserve, no mínimo, por 2 horas ou a noite toda, se tiver tempo.

2 Preaqueça o forno a 200°C, com uma assadeira dentro. Coloque cuidadosamente o cordeiro temperado na assadeira com a pele para cima e asse por 30-35 minutos, até que ele esteja dourado e crocante do lado de fora e suculento e rosado por dentro. Tire do forno, esprema limão por cima e tempere com uma boa pitada de sal. Cubra com papel-alumínio e deixe descansar por 10 minutos para que a carne fique mais tenra e saborosa.

3 Enquanto isso, cozinhe as lentilhas numa panela grande de água fervente por 12-15 minutos, até ficarem cozidas e tenras. Escorra e reserve.

4 Aqueça o azeite numa panela grande em fogo médio, junte a cebola e o alho e frite por 6-8 minutos, mexendo de vez em quando, até dourar. Adicione o cominho e o coentro e cozinhe por 30 segundos, mexendo com frequência, até liberar o aroma. Junte as lentilhas cozidas, o suco de limão e 240 ml de água fervente e tempere com uma boa pitada de sal e pimenta-do-reino. Use um batedor manual para amassar as lentilhas, até obter um purê macio, acrescentando um pouco mais de água se a mistura ficar espessa demais. Salpique a salsa e mexa delicadamente.

5 Corte o cordeiro em fatias finas e divida entre os pratos. Recolha com uma colher o suco que restar na assadeira e regue o cordeiro, depois coloque uma boa quantidade de purê de lentilhas e um filete de azeite. Sirva imediatamente.

4 PORÇÕES
1 colher (sopa) de cominho em pó
2 colheres (chá) de coentro em pó
½ colher (chá) de canela em pó
uma pitada de noz-moscada ralada
4 colheres (sopa) de azeite, mais um pouco para regar
1 perna de cordeiro (cerca de 1,6 kg)
suco de ½ limão-siciliano
sal marinho

PURÊ DE LENTILHAS
200 g de lentilhas lavadas e escorridas
2 colheres (sopa) de azeite
1 cebola picada
2 dentes de alho picados
1 colher (chá) de cominho em pó
1 colher (chá) de coentro em pó
suco de 1 limão-siciliano
um punhado de folhas de salsa picadas
sal marinho e pimenta-do-reino moída na hora

COMBINA COM
Salada de romã, erva-doce, laranja e agrião (p. 22)

Curry de cordeiro do Templo Dourado

Este curry de cordeiro foi inspirado na maravilhosa comida que experimentei em Amritsar, no noroeste da Índia. A cidade é lar do belo Templo Dourado, o lugar mais sagrado do mundo para os siques e um dos lugares mais incríveis que já conheci. As melhores comidas que experimentei na Índia me foram oferecidas na casa das pessoas. Em Amritsar tive a sorte de passar a maior parte do tempo com a adorável família de meu amigo Nitya, que cuidou para que eu jamais sentisse fome. Esta é minha versão da deliciosa cozinha punjabi clássica que experimentei em seu lar.

4 PORÇÕES

3 tomates picados grosseiramente
2,5 cm de gengibre sem casca picado grosseiramente
3 dentes de alho
2 colheres (chá) de pimenta em pó suave
1½ colher (chá) de garam masala
1 colher (chá) de cominho em pó
2 colheres (chá) de sal marinho
2 colheres (sopa) de óleo vegetal
2 cebolas roxas picadas
500 g de perna de cordeiro em cubos
um punhado grande de folhas de coentro para finalizar

COMBINA COM

Berinjelas cambojanas assadas com gengibre e coco (p. 170)
Arroz frito do Sri Lanka com castanhas de caju e ovos (p. 182)

1 Coloque os tomates, o gengibre, o alho, a pimenta, o garam masala, o cominho e o sal no processador com 1 colher (sopa) de água e bata até dissolver.

2 Aqueça o óleo numa panela grande em fogo médio, junte as cebolas e cozinhe por 5-8 minutos, mexendo de vez em quando, até dourarem.

3 Despeje a mistura de tomate numa panela com as cebolas, adicione o cordeiro e água quente suficiente apenas para cobrir tudo. Misture bem, tampe e cozinhe por 1h30, lembrando-se de mexer de vez em quando.

4 Tire o cordeiro do fogo e deixe descansar por 5 minutos, para que a carne fique mais suculenta e tenra. Espalhe uma boa quantidade de coentro por cima e sirva imediatamente.

Cordeiro refogado de Dongbei com cominho e coentro

Jamais pensei que cordeiro e cominho pudessem fazer parte dos ingredientes clássicos da cozinha chinesa, mas encontrei-os juntos no cardápio de um incrível restaurante de Dongbei, em Xangai. Dongbei fica no nordeste da China e é conhecida por seus invernos rigorosos com temperaturas abaixo de zero. A comida nessa região é calórica, robusta e picante e foi influenciada pelas culinárias mongol, japonesa e até russa. A comida em Dongbei era deliciosa; na verdade, repetimos tantas vezes que os funcionários até riram de nós. Foram trazendo prato após prato e, então, quando eu já estava pronto para desistir, chegou o cordeiro. E ele era tão especial que pedi mais arroz e comi tudo! Os funcionários ficaram impressionados e nos deram três doses da bebida local, o baiju, cujo teor alcoólico é de 60%! Felizmente, ainda consegui lembrar a receita depois...

1. Pique bem os talos de coentro, que são cheios de sabor, e rasgue as folhas grosseiramente, o que dará ao prato uma adorável crocância.
2. Aqueça a wok em fogo alto e junte o óleo. Quando fumegar, adicione as sementes de cominho, as pimentas vermelhas secas e o alho e refogue por 10 segundos até liberarem o aroma. Acrescente o cordeiro e refogue por 3-4 minutos, até começar a dourar.
3. Despeje o shoyu, junte o açúcar, refogue por alguns segundos e, a seguir, acrescente o coentro preparado. Misture bem e sirva imediatamente com arroz.

4 PORÇÕES

dois punhados grandes de raminhos de coentro
2 colheres (sopa) de óleo vegetal
2 colheres (chá) de sementes de cominho
2 pimentas vermelhas secas picadas grosseiramente
3 dentes de alho picados
500 g de bifes de cordeiro, filés ou costeletas em fatias finas
2 colheres (sopa) de shoyu light
uma pitada de açúcar
arroz para acompanhar

COMBINA COM

Sopa chinesa de carne suína com bolinhos (p. 15)

Guisado persa de cordeiro com açafrão e mel

O perfume terroso do açafrão evoca as feiras árabes ao ar livre, os doces chás de hortelã, os coloridos mercados de especiarias e as belas mesquitas que me inspiraram a fazer este maravilhoso guisado persa. O açafrão e a canela dão um sabor realmente intenso, e o mel e os damascos trazem a dose exata de doçura, que funciona perfeitamente bem com o cordeiro. Este guisado, apesar de suculento, é leve e tem um sabor surpreendente.

4 PORÇÕES

2 colheres (sopa) de azeite
500 g de perna de cordeiro em cubos
1 cebola graúda picada
400 g de grão-de-bico cozido e escorrido
uma pitadinha de açafrão (cerca de 4-6 pistilos)
5 cm de canela em pau
1 colher (sopa) de mel
100 g de damascos secos
sal marinho e pimenta-do-reino moída na hora
suco de ½ limão-siciliano para finalizar
um punhado de folhas de salsa picadas para finalizar
arroz no vapor para acompanhar

1 Tempere a carne com uma boa pitada de sal e pimenta-do-reino. Aqueça o azeite numa panela refratária em fogo médio, junte o cordeiro em levas e cozinhe por 10 minutos, virando de vez em quando, até dourar por igual. Tire-o com uma escumadeira e reserve.

2 Junte a cebola à panela e refogue por 3-4 minutos, até começar a dourar. Recoloque o cordeiro na panela e acrescente o grão-de-bico, o açafrão, a canela e 600 ml de água fervente, que deve ser suficiente para cobrir tudo. Tempere com uma boa pitada de sal e pimenta-do-reino e misture delicadamente. Deixe ferver, tampe, diminua o fogo e cozinhe por 1 hora, até que a carne esteja totalmente cozida e tenra.

3 Acrescente o mel e os damascos, aumente o fogo para médio e cozinhe, com a panela destampada, por 20 minutos, mexendo de vez em quando, até reduzir um pouco o molho.

4 Tire do fogo, tampe e deixe descansar por 5-10 minutos antes de servir. Despeje o suco de limão por cima, espalhe a salsa picada e sirva imediatamente com arroz feito no vapor.

COMBINA COM

Sopa de lentilha à moda turca (p. 14)
Bolo libanês de limão e baunilha (p. 198)

Costeletas de cordeiro ao molho picante de manga

4 PORÇÕES

1½ colher (sopa) de pimenta-do-reino moída na hora
4 dentes de alho
2 talos de capim-limão
125 ml de molho de ostra
3 colheres (sopa) de shoyu light
2 colheres (sopa) de óleo vegetal
1 limão cortado ao meio
8 costeletas de cordeiro
½ pimenta vermelha sem sementes em fatias finas para finalizar
um punhado de folhas de coentro para finalizar

MOLHO

1 manga graúda em cubinhos
1 pimenta vermelha sem sementes picada
um punhado de folhas de coentro picadas
suco de 2 limões

COMBINA COM

Salada do tigre chinês (p. 26)
Curry malaio de pitu com especiarias (p. 138)
Char Kueh Toew (Macarrão de arroz frito com pitus e ovos) (p. 193)

1 Coloque a pimenta-do-reino e o alho no miniprocessador e bata, até obter uma pasta espessa; transfira para uma tigela grande.
2 Bata as pontas largas dos talos de capim-limão algumas vezes com uma colher pesada para liberar o aroma e junte à tigela com a pasta de pimenta-do-reino e alho. Adicione o molho de ostra, o shoyu e o óleo à tigela. Esprema por cima o limão e misture bem. Reserve as metades do limão para assar. Acrescente as costeletas de cordeiro e misture até ficarem bem revestidas. Cubra a tigela e deixe marinar em temperatura ambiente por 30 minutos ou a noite toda na geladeira, se tiver tempo.
3 Enquanto isso, misture delicadamente os ingredientes do molho numa tigela até se integrarem bem e reserve.
4 Preaqueça o forno a 200°C. Coloque as costeletas, a marinada e as metades de limão numa assadeira rasa e então espalhe a marinada por cima. Asse no forno preaquecido por 12-15 minutos, até ficarem douradas por fora mas ainda rosadas por dentro.
5 Regue com uma colherada dos sucos do cozimento, espalhe por cima pimenta vermelha, folhas de coentro e uma boa quantidade de molho.

Costeletas de cordeiro com zaatar

Zaatar é um maravilhoso tempero do Oriente Médio feito com ervas secas, como tomilho, orégano e hortelã, misturadas com sementes de gergelim e sumagre. Fica delicioso com qualquer prato, desde carnes e peixes até berinjela e pão sírio. Se for difícil conseguir o sumagre, substitua pela mesma quantidade de raspas de limão, que darão um toque de acidez semelhante.

4 PORÇÕES
8 costeletas de cordeiro limpas
2 colheres (sopa) de azeite

ZAATAR
2 colheres (sopa) de tomilho seco
1 colher (sopa) de sumagre
1 colher (chá) de sal marinho
3 colheres (chá) de sementes de gergelim

COMBINA COM
Salada fattoush (p. 33)
Arroz frito do Sri Lanka com castanhas de caju e ovos (p. 182)
Salada de frutas tropicais com molho de pimenta, anis-estrelado, canela e limão (p. 210)

1 Para fazer o zaatar, coloque o tomilho, o sumagre, o sal e 2 colheres (chá) de sementes de gergelim num moedor de pimenta e triture, até obter um pó grosso. Transfira para uma tigela e junte a última colher (chá) de sementes de gergelim.
2 Acrescente as costeletas de cordeiro e o azeite à tigela e esfregue com as mãos a mistura de zaatar e azeite no cordeiro, assegurando-se de revesti-lo inteiramente. Deixe marinar por 30 minutos ou a noite toda na geladeira, se tiver tempo.
3 Aqueça uma grelha ou uma frigideira em fogo alto, até fumegar, então junte as costeletas de cordeiro. Deixe por 3-4 minutos de cada lado, até ficarem dourado-amarronzadas por fora e rosadas e suculentas por dentro. Deixe descansar por 2 minutos e sirva.

Kebabs siques indianos

Esta receita funciona melhor com carne moída com um pouco de gordura, para que o recheio fique úmido. Todavia, se quiser carne magra, tudo bem – apenas tome o cuidado de virar os kebabs com mais frequência e de reduzir o tempo de cozimento em alguns minutos, pois a carne magra queima mais rapidamente.

1 Se usar espetos de madeira, deixe-os previamente de molho em água morna por 30 minutos.

2 Coloque o cordeiro, o alho, o gengibre e as pimentas verdes no processador e bata por 2 minutos, até virarem uma pasta bem macia e se aglutinarem numa bola. Transfira a mistura para uma tigela grande e junte o ovo batido, o coentro picado, o garam masala, a mostarda em pó e o sal e misture bem. Usando os punhos, bata na mistura várias vezes para amaciar a carne. Despeje o creme de leite, misture, cubra e leve ao congelador por 15 minutos, o que tornará mais fácil moldar os espetos.

3 Preaqueça o forno em temperatura alta. Umedeça as mãos, pegue um pedaço da carne de cordeiro do tamanho de uma bola de golfe e enfie-a na ponta superior do espeto de metal ou de madeira. Puxe a carne para baixo no espeto, girando-a. Mantenha a largura o mais homogênea possível. Repita com a mistura de cordeiro restante.

4 Pincele cada kebab com um pouco de azeite e coloque-os no forno aquecido por 5-6 minutos, girando-os a cada 2 minutos, até ficarem dourado-amarronzados e bem cozidos. Sirva com iogurte e fatias de limão.

4 PORÇÕES

400 g de carne de perna de cordeiro moída
4 dentes de alho picados
5 cm de gengibre sem casca picado
2 pimentas verdes sem sementes picadinhas
½ ovo batido
um punhado grande de folhas de coentro picadas
1½ colher (chá) de garam masala
2 colheres (chá) de mostarda em pó ou mostarda francesa
1 colher (chá) de sal marinho
60 ml de creme de leite
azeite para pincelar
iogurte natural para acompanhar
1 limão-siciliano em fatias para acompanhar

COMBINA COM

Berinjelas queimadas com especiarias indianas e coentro (p. 161)
Arroz pilaf com ervas e especiarias (p. 181)

Espetos de cordeiro grelhado com salada de trigo-sarraceno

4 PORÇÕES

1 pimenta vermelha sem sementes
4 dentes de alho
2 colheres (chá) de cominho em pó
2 colheres (chá) de coentro em pó
½ colher (chá) de canela em pó
4 colheres (sopa) de azeite
800 g de perna de cordeiro desossada e limpa em cubos de 2,5 cm
sal marinho e pimenta-do-reino moída na hora
iogurte natural para acompanhar

SALADA DE TRIGO-SARRACENO

190 g de trigo-sarraceno
100 g de tomates secos picados grosseiramente
½ cebola roxa picada
1 pimenta vermelha picada
um punhado de folhas de dill picadas, mais alguns raminhos para finalizar
um punhado grande de folhas de salsa picadas
suco de ½ limão-siciliano
2 colheres (sopa) de azeite
sal marinho e pimenta-do-reino moída na hora

COMBINA COM

Salada de feta, nozes e sementes de nigela (p. 21)

1 Bata a pimenta vermelha e o alho no miniprocessador com uma boa pitada de sal, até obter uma pasta cremosa. Junte o cominho, o coentro, a canela e o azeite e bata, até dissolver. Transfira a mistura para uma tigela grande, junte o cordeiro e misture tudo, até a carne ficar bem revestida. Cubra com filme de PVC e deixe marinar por 30 minutos ou a noite toda na geladeira, se tiver tempo.

2 Ponha quatro espetos de molho na água por 30 minutos. Isso evitará que queimem ao grelhar.

3 Para fazer a salada de trigo-sarraceno, cozinhe o trigo numa panela com água fervente por 8-10 minutos, até amolecer mas permanecer ainda *al dente*. Transfira para uma peneira, lave com água fria e escorra, espremendo o excesso de água com as mãos. Transfira para uma tigela e junte os tomates secos, a cebola, a pimenta vermelha, o dill, a salsa, o suco de limão, o azeite e tempere com uma boa pitada de sal e pimenta-do-reino. Misture tudo muito bem.

4 Preaqueça o forno em temperatura alta. Divida o cordeiro em quatro porções e enfie os cubos nos quatro espetos pré-demolhados. Coloque no forno bem quente por 3-4 minutos de cada lado, até o cordeiro ficar dourado-amarronzado por fora e rosa e suculento por dentro. Sirva quente com a salada de trigo-sarraceno, uma boa quantidade de iogurte natural, um pouco mais de pimenta-do-reino moída e raminhos de dill espalhados por cima.

Carne de porco de Sichuan com sementes de gergelim

Esta receita representa o que há de melhor na culinária chinesa – a carne de porco é cozida lentamente com as especiarias, de modo a absorver todos os sabores deliciosos de Sichuan, e depois é recoberta com um molho suculento. Não é preciso tirar a casca do gengibre ao preparar este prato. Isso não apenas acelera o preparo, mas, de acordo com um amigo meu, Mr. Hung, de Chengdu, a casca deixa o prato mais saboroso, além de ser saudável. Francamente, quanto menos tivermos que descascar, melhor será! Procure usar gengibre fresco e lave-o bem antes de cortar.

4 PORÇÕES

2 colheres (sopa) de óleo vegetal
4 pimentas vermelhas secas picadas grosseiramente
6 anises-estrelados
500 g de carne de porco desossada em cubos
2,5 cm de gengibre fatiado grosseiramente
1 colher (chá) de sal marinho
1 colher (sopa) de vinagre de arroz
2 colheres (sopa) de açúcar
1 colher (sopa) de shoyu
1 colher (sopa) de sementes de gergelim

COMBINA COM

Salada de frango e pepino de Sichuan (p. 37)
Char Kueh Toew (Macarrão de arroz frito com pitus e ovos) (p. 193)

1 Aqueça o óleo numa wok em fogo alto. Quando estiver quente, junte as pimentas vermelhas secas e o anis-estrelado e refogue, até liberar o aroma. Junte a carne de porco, o gengibre, o sal e continue a refogar por 2-3 minutos, até começar a dourar.
2 Despeje por cima água quente suficiente para cobrir tudo e misture bem. Deixe ferver, tampe, reduza o fogo e cozinhe por 1h30, até que a carne esteja inteiramente cozida e tenra. Tire a carne da wok com uma escumadeira e reserve. Retire com uma colher a gordura em excesso da superfície do líquido na wok.
3 Bata o vinagre, o açúcar, o shoyu e 1 colher (sopa) de água numa tigelinha e junte à wok. Aumente o fogo e cozinhe por 5 minutos, mexendo sem parar, até reduzir o molho à metade.
4 Ponha a carne de volta na wok, junte parte das sementes de gergelim e refogue por 2-3 minutos, até que o molho fique bem grosso e grudento e a carne esteja bem revestida. Salpique as sementes de gergelim restantes por cima e sirva imediatamente.

Salada Al Pastor de carne suína e abacaxi

4 PORÇÕES

4 costeletas de porco grandes
2 colheres (sopa) de azeite
¾ de abacaxi em fatias finas
2 cebolinhas picadinhas
1 pimenta vermelha sem sementes picada
dois punhados grandes de folhas de coentro picadinhas
suco de 2 limões, mais um pouco para finalizar
sal marinho e pimenta-do-reino moída na hora

MARINADA

¼ de colher (chá) de páprica defumada
½ colher (chá) de cominho em pó
¼ de colher (chá) de cravo-da-índia em pó
2 dentes de alho
2 tomates
¼ de abacaxi

COMBINA COM

Frango de Bangcoc com alho e pimenta-do-reino (p. 72)
Arroz com tomate e coco (p. 187)

1 Para fazer a marinada, coloque todos os ingredientes no processador e bata, até obter uma pasta cremosa. Despeje a mistura numa tigela grande, junte as costeletas de porco e misture, até que a carne esteja bem revestida. Cubra e deixe marinar por 1 hora ou a noite toda na geladeira, se tiver tempo.

2 Tire a carne da tigela, reservando a marinada. Aqueça o azeite numa frigideira em fogo médio, junte as costeletas e frite cada lado por 5-6 minutos, até dourarem; vire e despeje metade da marinada. Cozinhe por mais 5-6 minutos, até a carne ficar dourado-amarronzada e completamente cozida mas ainda suculenta. Retire a panela do fogo e deixe descansar por 5 minutos.

3 Enquanto isso, coloque o abacaxi, as cebolinhas, a pimenta vermelha, o coentro e o suco de limão numa tigela grande e tempere com uma boa pitada de sal e pimenta--do-reino. Misture bem, até que tudo esteja bem embebido no suco de limão.

4 Coloque as costeletas por cima da salada fresca e sirva imediatamente, regando com o líquido restante na panela. Adicione um pouco mais de suco de limão para que as costeletas fiquem ainda mais saborosas.

Carne de porco recozida

Você encontrará este prato em qualquer cardápio que se preze em Sichuan. A receita tradicional requer pasta de pimenta, feita de pimentas e favas fermentadas, mas, como pode ser difícil encontrá-las, sugiro uma pasta de pimenta alternativa que funciona muito bem. Se você gosta da comida bem picante, junte ½ colher de chá de pimenta em flocos à pasta.

1 Leve uma panela grande com água para ferver. Junte a carne de porco, diminua o fogo e cozinhe por 25 minutos, até que esteja 80% cozida mas ainda rosada no centro. Isso evitará que cozinhe demais depois. Tire a carne da água, corte em tiras finas e reserve.

2 Enquanto isso, coloque todos os ingredientes da pasta de pimenta no miniprocessador e bata, até dissolvê-los. Despeje numa frigideira pequena em fogo alto com 60 ml de água quente. Deixe levantar fervura, diminua o fogo e cozinhe por 10 minutos, mexendo de vez em quando, até reduzir o molho à metade.

3 Aqueça uma wok grande em fogo alto e junte o óleo. Quando fumegar, acrescente a pimenta vermelha e refogue por alguns segundos; adicione a carne e refogue por mais 5 minutos, até que esteja bem cozida e começando a dourar. Finalmente, junte o molho de pimenta, refogue mais um pouco e sirva imediatamente.

4 PORÇÕES

500 g de perna de porco desossada
1 colher (sopa) de óleo vegetal
1 pimenta vermelha sem sementes picada grosseiramente

PASTA DE PIMENTA

4 dentes de alho picados
1 pimenta vermelha suave sem sementes picada
½ colher (chá) de pimenta em flocos
2½ colheres (sopa) de shoyu light
1 colher (sopa) de óleo vegetal
uma pitada de açúcar

COMBINA COM

Tofu crocante de Sichuan (p. 167)
Macarrão de Sichuan com cordeiro e amendoim (p. 190)

Costelas Guyi com cominho, pimenta e shoyu

4 PORÇÕES
8-12 costelas de porco
azeite para pincelar

MOLHO
3 colheres (sopa) de óleo vegetal
2 colheres (chá) de sementes de cominho
1 colher (chá) de pimenta em flocos
4 dentes de alho picados
6 cebolinhas picadas
4 colheres (sopa) de shoyu
1 colher (sopa) de mel

COMBINA COM
Salada jetalah de abacaxi, pepino e pimenta (p. 30)
Brownies de chocolate amargo com cravo e canela (p. 196)

1 Leve uma panela grande com água para ferver. Junte as costelas de porco, diminua o fogo e cozinhe por 45 minutos, até a carne amaciar e cozinhar inteiramente. Escorra as costelas e deixe secar por 2 minutos.
2 Enquanto isso, faça o molho. Aqueça o óleo numa panelinha em fogo médio e junte as sementes de cominho e a pimenta em flocos. Deixe-as crepitar, até liberarem o aroma; junte 3 alhos picados e 5 cebolinhas picadas e refogue por 2 minutos. Despeje o shoyu, o mel e 150 ml de água quente. Espere ferver e cozinhe por cerca de 4 minutos, mexendo de vez em quando, até o molho reduzir e ficar grudento.
3 Preaqueça o forno em temperatura alta. Pincele as costelas com o molho e coloque sobre a grelha quente por 3-4 minutos de cada lado, até ficarem dourado--amarronzadas. Pincele-as com mais molho ao virá-las.
4 Coloque as costelas grelhadas numa travessa grande e sirva com o molho restante ao lado ou use-os para regar as costelas. Espalhe o alho e a cebolinha restantes por cima e sirva imediatamente.

CAPÍTULO 4

Peixes e frutos do mar

As especiarias são usadas em todo o mundo para agregar um toque picante a muitos pratos de peixes e frutos do mar. Neste capítulo, mostrarei como é fácil utilizá-las para preparar peixes. Ao combinar apenas duas especiarias, a terrosa cúrcuma amarela e o perfumado capim-limão, você cria todo o sabor de base necessário para fazer um Curry de salmão com coco e capim-limão, um dos curries mais deliciosos que existem. Isso também é prova de que não se deve ter receio de trabalhar com especiarias. Não é preciso usá-las em grandes quantidades, e sim saber usar as certas, para dar vida à comida. Uma das minhas favoritas é a páprica defumada. Tem uma bela coloração vermelho--queimada e dá um delicioso sabor de churrasco aos pratos. Com uma pequena quantidade dessa especiaria mágica e um pouco de alho, obtém-se aquele rico sabor defumado do México nos deliciosos Tacos de peixe com páprica defumada e molho de tomate.

À ESQUERDA: Perca-do-mar tailandesa grelhada com pimenta, hortelã e amendoim torrado (p. 134)

Meen Molee Curry de peixe do sul da Índia

Minha adorável amiga Rosamma mostrou-me como fazer este delicioso curry quando eu estava em sua casa, que é cercada por pés de abacaxi e de noz-moscada e fica em Kerala. Este é um exemplo clássico da comida simples e fresca que eles consomem nessa região da Índia, mas, se quiser algo mais sofisticado, adicione uma mistura de frutos do mar ao delicioso molho.

4 PORÇÕES

2,5 cm de gengibre sem casca
4 dentes de alho
1 colher (sopa) de óleo vegetal
1 cebola graúda picada grosseiramente
½ colher (chá) de pimenta suave em pó
½ colher (chá) de cúrcuma
1 tomate graúdo picadinho
500 ml de creme (ou leite) de coco
suco de 1 limão
500 g de filés de pescada grossos sem pele cortados em pedacinhos
sal marinho
arroz para acompanhar

COMBINA COM

Frango refogado com tamarindo e capim-limão (p. 59)
Gobi Masala (Couve-flor refogada indiana) (p. 172)

1 Coloque o gengibre e o alho no miniprocessador e bata, até obter uma pasta cremosa.
2 Aqueça o óleo numa panela grande em fogo médio, junte a cebola e refogue por 2-3 minutos, até ficar transparente. Adicione a pasta de gengibre e alho, a pimenta em pó, a cúrcuma e o tomate e cozinhe por 30 segundos, mexendo sem parar.
3 Junte o creme (ou leite) de coco e o suco de limão e tempere com sal. Misture bem, deixe ferver e acrescente o peixe. Diminua o fogo e cozinhe por 8-10 minutos, até os filés ficarem opacos e bem cozidos. Sirva imediatamente com arroz.

Cherne apimentado do Sri Lanka

Minha versão do cherne apimentado do Sri Lanka combina a condimentação especializada da cozinha indiana e os sabores umami da cozinha chinesa num molho salgado e picante que explode na boca. Para esta receita, usei quatro especiarias: pimenta-do-reino, coentro seco, alho e gengibre. A pimenta-do--reino fornece uma camada de calor, enquanto o coentro adiciona todos os sabores magníficos de Kerala para contrastar com o molho de ostra chinês. O alho e o gengibre ajudam a unir toda a mistura para proporcionar uma experiência gustativa incrivelmente deliciosa.

1 Coloque os filés de peixe numa frigideira grande em fogo médio e despeje cerca de 1 cm de água quente. Tampe, dê uma leve fervida, diminua o fogo e cozinhe por 10-12 minutos, até a carne começar a ficar opaca. Tire o peixe do fogo e coloque numa travessa, reservando o líquido do cozimento.

2 Enquanto isso, aqueça a wok em fogo alto e junte o óleo. Quando o óleo aquecer, adicione o alho e o gengibre e refogue, até liberar o aroma. Acrescente a cebola, os tomates, a pimenta-do-reino e uma pitada de sal; refogue por 2-3 minutos, até a cebola começar a amolecer.

3 Espalhe o coentro seco por cima da mistura de tomate. Junte o molho de ostra e 4 colheres (sopa) do líquido do cozimento do peixe e misture bem. Despeje sobre o peixe e sirva imediatamente.

4 PORÇÕES

4 filés de cherne sem pele (cerca de 200 g cada um)
2 colheres (sopa) de óleo vegetal
2 dentes de alho em fatias finas
2,5 cm de gengibre sem casca em fatias finas
1 cebola roxa em fatias finas
2 tomates picados
½ colher (chá) de pimenta-do-reino moída na hora
um punhado de coentro seco
2 colheres (sopa) de molho de ostra
sal marinho

COMBINA COM

Salada de coco e pimenta-kerabu (p. 29)
Arroz frito do Sri Lanka com castanhas de caju e ovos (p. 182)

Cha Ca La Vong

Cação vietnamita apimentado com cúrcuma, macarrão de arroz, amendoins e ervas

O Cha Ca La Vong é um famoso restaurante em Hanói que serve apenas um prato: "Cha Ca", ou peixe frito. É servido numa frigideira com cebolinhas, sobre uma pequena grelha.

4 PORÇÕES

50 g de amendoins sem sal picados
250 g de macarrão de arroz
6 colheres (sopa) de óleo vegetal
um punhado de dill picado
um punhado de folhas de coentro picadas
um punhado de folhas de hortelã picadas
1 colher (sopa) de cúrcuma
4 colheres (sopa) de farinha de trigo
4 filés de cação (cerca de 200 g cada um) sem pele em pedaços pequenos
8-10 cebolinhas cortadas ao meio e em fatias finas
2 colheres (sopa) de molho de peixe
suco de ½ limão
½ pimenta vermelha sem sementes picada

COMBINA COM

Cheesecake de manga, laranja e noz-moscada (p. 201)

1 Aqueça a frigideira em fogo médio. Junte os amendoins e toste-os delicadamente por 2-3 minutos, sacudindo a panela de vez em quando, até ficarem dourado--amarronzados. Transfira para uma travessa para esfriar.
2 Cozinhe o macarrão de acordo com as instruções da embalagem, escorra e passe imediatamente sob água fria. Escorra bem e transfira para uma tigela, tempere com 2 colheres (sopa) do óleo para não grudar e reserve. Coloque o dill, o coentro e a hortelã juntos numa tigela e os amendoins em outra.
3 Num recipiente grande, misture a cúrcuma e a farinha de trigo. Mergulhe os pedaços de peixe na farinha, revestindo cada um inteiramente.
4 Aqueça o óleo restante numa frigideira grande em fogo médio e frite o cação por 2-3 minutos, virando de vez em quando, até a carne ficar opaca e escamosa ao toque.
5 Junte as cebolinhas, o molho de peixe e o suco de limão e misture delicadamente, até incorporar tudo.
6 Espalhe a pimenta vermelha por cima e sirva com o macarrão. As ervas e os amendoins devem ser servidos à parte, para serem adicionados a gosto.

Cúrcuma

Também chamada "açafrão-da-terra", a cúrcuma é uma especiaria muito antiga originária da Índia, que ainda é sua principal produtora. Foi cultivada inicialmente por volta de 3.000 a.C. pela civilização harappan, no vale do Hindo. Era usada em cosméticos, na cozinha, na medicina e como tintura, o que se mantém até hoje. A raiz tem sido apreciada na medicina ayurvédica há séculos como importante anti-inflamatório, antioxidante e como componente de ajuda vital na digestão. E, como descobri em minhas recentes viagens à Índia, quando a cúrcuma é acrescentada a um curry, frequentemente, brinda-se "à saúde".

A cúrcuma pertence à família do gengibre e, tecnicamente falando, é um rizoma como ele: uma massa horizontal do caule de uma planta que se desenvolve sob a terra. Mas a característica mais interessante da cúrcuma é a sua incrível cor alaranjada. Se você algum dia tiver a sorte de pegar uma "raiz fresca", estará de posse de uma iguaria. A raiz amarelo-lodosa, ao ser quebrada, revela um laranja intenso. É surpreendente! No Sudeste Asiático, a raiz é muitas vezes usada fresca, ralada ou simplesmente cortada e conservada em salmoura. Seu sabor é muito característico – terroso e levemente amargo – e proporciona uma bela cor de pôr do sol aos curries, refogados e pós de curry. Para fazer o pó de cúrcuma amarelo que conhecemos, a raiz é fervida, desidratada e moída.

Devido à intensidade da cor e ao sabor, a cúrcuma deve ser usada com moderação. Costumo comprá-la em pequenas quantidades, que podem ser mantidas por 6 meses. Para conservar o sabor, guarde-a num recipiente hermético, longe da luz. Se for esfregá-la no alimento, recomendo colocar luvas de borracha antes de começar.

Bolos de peixe indianos com chutney de coentro e coco

4 PORÇÕES

400 g de filés de salmão sem pele
dois punhados grandes de folhas de coentro picadas grosseiramente
1 pimenta verde sem sementes picada grosseiramente
1 colher (chá) de garam masala
1 colher (chá) de coentro em pó
½ colher (chá) de sal marinho
2 colheres (sopa) de óleo vegetal

CHUTNEY

um punhado de folhas de coentro
um punhado de folhas de hortelã
¼ de colher (chá) de garam masala
suco de ½ limão-siciliano
100 ml de leite de coco
uma pitada de sal marinho

COMBINA COM

Salada de macarrão de arroz com pitu e capim-limão (p. 46)
Berinjelas cambojanas assadas com gengibre e coco (p. 170)
Arroz pilaf com ervas e especiarias (p. 181)

1 Para fazer o chutney, bata todos os ingredientes no processador, até obter uma pasta cremosa. Ponha numa tigela e reserve.

2 Passe o salmão, o coentro picado, a pimenta verde, o garam masala, o coentro em pó e o sal no processador até que tudo se incorpore numa pasta grossa. Coloque numa tigela, cubra com filme de PVC e leve à geladeira por cerca de 30 minutos.

3 Divida a mistura em quatro porções. Forme uma bola com cada uma e achate-as com a palma da mão sobre uma tábua de cortar limpa.

4 Aqueça o óleo numa frigideira grande em fogo médio, frite os bolos de peixe delicadamente por 3-4 minutos de cada lado, até ficarem dourados e crocantes. Sirva imediatamente com bastante chutney.

Peixe-espada com coentro cremoso e raita de cebola roxa

1 Para fazer a raita, misture todos os ingredientes numa tigela grande. Tempere bem com sal e pimenta-do-reino e reserve enquanto prepara o peixe, para apurar bem o sabor.

2 Aqueça 2 colheres (sopa) de azeite numa frigideira grande em fogo médio. Frite os filés de peixe por 3-4 minutos de cada lado, até ficarem brancos, leitosos e escamosos ao toque. Tire da panela e reserve.

3 Aqueça as 2 colheres (sopa) de azeite restantes numa panela grande em fogo médio, espalhe as pimentas verdes e o alho e refogue por 1-2 minutos, até o alho começar a dourar. Junte o coentro em pó, a pimenta-do-reino e uma boa pitada de sal e cozinhe, até liberar o aroma. Adicione o coentro picado e 100 ml de água fervente. Deixe ferver, diminua o fogo e cozinhe por 8-10 minutos, mexendo de vez em quando, até que o coentro comece a murchar, mas ainda esteja bem verde. Despeje o creme de leite e o suco de limão e misture, até obter um molho cremoso.

4 Despedace os filés no molho. Misture delicadamente, até que o peixe esteja bem revestido, e cozinhe por 1 minuto, até esquentar. Sirva imediatamente com a raita.

4 PORÇÕES
4 colheres (sopa) de azeite
4 filés de peixe-espada sem pele (cerca de 200 g cada um)
2 pimentas verdes sem sementes picadas
4 dentes de alho em fatias finas
2 colheres (chá) de coentro em pó
½ colher (chá) de pimenta-do-reino moída na hora
quatro punhados de folhas de coentro picadas
150 ml de creme de leite
suco de 1 limão-siciliano
sal marinho e pimenta-do-reino moída na hora

RAITA
½ pepino sem sementes em fatias finas
1 cebola roxa em fatias finas
125 ml de iogurte natural
1 colher (chá) de coentro em pó
suco de 1 limão-siciliano
sal marinho e pimenta-do-reino moída na hora

COMBINA COM
Salada de feta, nozes e sementes de nigela (p. 21)
Bolo libanês de limão e baunilha (p. 198)

Ceviche de perca-do-mar

O ceviche é um prato delicioso e refrescante, servido em toda a costa do México e da América do Sul. O peixe "cozinha" no suco de limão, sem ir ao fogo, portanto é necessário usar uma peça bem fresca. Não use nenhum peixe que tenha sido congelado.

4 PORÇÕES

250 g de filés de perca-do-mar ou pescada sem pele em fatias bem finas
suco de 4 limões
2 tomates
1 pimenta vermelha sem sementes picada
dois punhados grandes de folhas de coentro picadas grosseiramente
1 cebola roxa picada
½ alface pequena em fatias finas
2 colheres (sopa) de azeite
sal marinho e pimenta-do-reino moída na hora

1. Espalhe as fatias de perca-do-mar num prato raso, junte o suco de limão e tempere com uma boa pitada de sal. Vire os pedaços até que o peixe esteja completamente revestido. Deixe marinar por 15-20 minutos, mexendo de vez em quando, até a carne ficar opaca.
2. Enquanto isso, corte os tomates ao meio, retire as sementes e pique bem a polpa. Isso é para que o ceviche não fique aguado.
3. Coloque o peixe marinado e todos os seus sucos numa tigela grande com os tomates, a pimenta vermelha, o coentro, a cebola, a alface, o azeite e uma boa pitada de pimenta-do-reino. Misture com cuidado e sirva imediatamente.

COMBINA COM

Salada de coco e pimenta-kerabu (p. 29)
Salada de macarrão de arroz com pitu e capim-limão (p. 46)
Caçarolas de molho de gengibre no vapor (p. 199)

Merluza no vapor envolta em folha de bananeira

Este é outro prato saborosíssimo do sul da Índia. A folha de bananeira acrescenta um sabor defumado e armazena todos os sucos. Ela pode ser encontrada em lojas especializadas, mas se não quiser ter trabalho use papel vegetal – a receita funcionará do mesmo modo. É possível fazer tudo de antemão e cozinhar os pedaços antes de servir.

4 PORÇÕES

6 colheres (sopa) de óleo vegetal
2 colheres (chá) de sementes de mostarda
4 cebolas roxas em fatias finas
dois punhados grandes de coentro seco
2 colheres (chá) de garam masala
suco de 1 limão-siciliano
4 pedaços grandes de folha de bananeira ou papel vegetal de 30 x 30 cm
4 filés de merluza sem pele (cerca de 150 g cada um)
4 folhas de coentro
4 palitos
sal marinho

COMBINA COM

Batatas fritas do Sri Lanka (p. 166)
Berinjelas cambojanas assadas com gengibre e coco (p. 170)
Syllabub de baunilha e mel (p. 202)

1 Aqueça 4 colheres (sopa) do óleo numa frigideira em fogo médio-alto e adicione as sementes de mostarda. Deixe-as crepitar por alguns segundos, junte as cebolas e cozinhe por 10-12 minutos, mexendo de vez em quando, até ficarem bem douradas e pegajosas. Espalhe o coentro seco sobre as cebolas. Adicione o garam masala e o suco de limão e tempere com uma boa pitada de sal. Misture bem e cozinhe por mais 1 minuto.

2 Coloque 1 colher (sopa) bem cheia da mistura de cebola cozida no meio de uma folha de bananeira e, com a colher, espalhe a cebola de modo a ficar com largura suficiente apenas para dispor um filé de peixe por cima. Disponha o filé sobre a mistura, espalhe outra colherada da cebola por cima e ponha por último uma folha de coentro. Embrulhe o peixe na folha de bananeira, comprimindo os lados, e prenda com um palito. Repita a operação com os filés de peixe e as folhas de bananeira restantes.

3 Acrescente as 2 colheres (sopa) de óleo restantes à mistura de cebola que tiver ficado na frigideira e aqueça em fogo baixo-médio. Junte os embrulhos de peixe e cozinhe por 16-18 minutos, até que a carne esteja inteiramente cozida e tenra.

4 Sirva imediatamente, ainda embrulhado na folha de bananeira, para não perder nem um pouco do suco.

Atum grelhado com pimenta e salada de cenoura e maçã

4 PORÇÕES
4 dentes de alho
1 colher (chá) de pimenta-do-reino moída grosseiramente
1 colher (chá) de pimenta em flocos
4 colheres (sopa) de azeite
1 colher (chá) de sal marinho
¼ de colher (chá) de açúcar
4 filés de atum (cerca de 150 g cada um)

SALADA
50 g de amendoins sem sal
2 tomates sem sementes em fatias finas
2 maçãs em quartos em fatias finas regadas com suco de limão para não escurecerem
4 cenouras graúdas sem casca raladas
3 cebolinhas em fatias finas
2 pimentas vermelhas sem sementes picadas
um punhado de folhas de hortelã picadas
um punhado grande de folhas de coentro picadas grosseiramente

MOLHO
suco de 2 limões
1 colher (sopa) de molho de peixe
1 colher (sopa) de açúcar

COMBINA COM
Kulfi com cardamomo e pistaches (p. 205)

1 Aqueça uma frigideira em fogo médio. Junte os amendoins e torre por 2-3 minutos, sacudindo a panela de vez em quando, até dourar. Transfira para uma travessa para esfriar.
2 Coloque o alho no miniprocessador e bata, até obter uma pasta cremosa. Despeje a pimenta-do-reino, a pimenta em flocos, 2 colheres (sopa) do azeite, o sal e o açúcar e bata, até obter uma pasta grossa. Esfregue a pasta nos filés de atum e deixe marinar por 10 minutos. Lave o miniprocessador.
3 Bata os ingredientes do molho numa tigela grande. Triture grosseiramente os amendoins torrados no miniprocessador e junte numa tigela com os outros ingredientes da salada. Misture até que o delicioso sabor azedo do molho tailandês cubra tudo.
4 Aqueça uma chapa estriada em fogo médio e junte as 2 colheres (sopa) de azeite restantes. Frite os filés de atum por 1-2 minutos de cada lado, até dourarem. Tire a chapa do fogo, mas deixe o atum por mais 1-2 minutos. Isso fará a carne ficar queimada por fora mas rosada no centro.
5 Divida a salada em quatro tigelas para servir. Fatie cada filé em quatro pedaços e coloque por cima de cada recipiente. Sirva imediatamente.

Vermelho grelhado com salsa verde mexicana e salada de milho

1 Para fazer a salsa verde, coloque todos os ingredientes no processador com 100 ml de água e bata até dissolver.

2 Preaqueça a grelha em fogo alto. Pincele um pouco de azeite em cada pedaço do peixe e tempere com sal e pimenta-do-reino. Coloque na grelha quente, com a pele para cima, e deixe por 2-3 minutos de cada lado, até amaciar e escamar.

3 Enquanto isso, numa tigela, misture os tomates-cereja, o milho-verde, a hortelã, o suco de limão e o azeite e tempere com uma boa pitada de sal e pimenta-do-reino. Sirva imediatamente com o peixe grelhado e a salsa verde.

4 PORÇÕES

2 colheres (sopa) de azeite, mais um pouco para pincelar
4 filés de vermelho com pele (cerca de 120 g cada um)
250 g de tomates-cereja cortados ao meio
165 g de milho-verde
um punhado de folhas de hortelã picadas
suco de 1 limão
sal marinho e pimenta-do-reino moída na hora

SALSA VERDE MEXICANA

1 dente de alho
1 pimenta jalapeño verde
6 cebolinhas
1 tomate
dois punhados grandes de folhas de coentro
dois punhados grandes de folhas de hortelã
dois punhados grandes de folhas de salsa
suco de 3 limões
2 colheres (sopa) de azeite
sal marinho e pimenta-do-reino moída na hora

COMBINA COM

Nasi Goreng (Arroz frito indonésio) (p. 186)
Bananas caramelizadas do Camboja com gengibre e sorvete de baunilha (p. 212)

Curry de pitu de Alleppy

4 PORÇÕES

2 colheres (sopa) de óleo vegetal
2 colheres (chá) de sementes de mostarda
500 ml de creme (ou leite) de coco
suco de 1 limão-siciliano
500 g de pitus descascados e limpos
um punhado de coentro seco
arroz para acompanhar

PASTA DE CURRY

1 pimenta verde sem sementes
1 cebola roxa picada grosseiramente
5 cm de gengibre sem casca picado grosseiramente
½ colher (chá) de cúrcuma
sal marinho

COMBINA COM

Macarrão de Sichuan com cordeiro e amendoim (p. 190)
Char Kueh Toew (Macarrão de arroz frito com pitus e ovos) (p. 193)

1 Para fazer a pasta de curry, ponha todos os ingredientes no miniprocessador, tempere com uma boa pitada de sal e bata até obter uma pasta cremosa.
2 Aqueça o óleo numa frigideira grande em fogo médio e junte as sementes de mostarda. Quando começarem a crepitar, adicione a pasta de curry e refogue, até liberar o aroma.
3 Acrescente o creme (ou leite) de coco e o suco de limão e espere levantar fervura. Diminua o fogo e deixe cozinhar por 10 minutos, mexendo de vez em quando, até o molho reduzir e ficar bem espesso.
4 Adicione os pitus e cozinhe por 5 minutos, mexendo com frequência para que cozinhem por igual, até ficarem rosados. Espalhe o coentro seco sobre o curry. Misture bem e sirva imediatamente com arroz.

Curry malaio de pitu com especiarias

4 PORÇÕES
2 colheres (sopa) de óleo vegetal
400 ml de leite de coco
suco de ½ limão
500 g de pitus descascados e limpos
sal marinho

PASTA DE CURRY
2 talos de capim-limão
1 pimenta vermelha sem sementes picada grosseiramente
2 dentes de alho
2,5 cm de gengibre picado grosseiramente
½ colher (chá) de cúrcuma
¼ de colher (chá) de pasta de camarão

COMBINA COM
Salada de coco e pimenta-kerabu (p. 29)
Arroz com tomate e coco (p. 187)

1 Para preparar a pasta de curry, retire as folhas externas mais duras dos talos de capim-limão e as pontas. Começando pela extremidade mais larga, corte grosseiramente cada talo em anéis. Deve aparecer uma faixa roxa nos anéis. Pare de fatiar quando não houver mais a faixa, pois o restante é muito duro para comer. Reserve as pontas para juntar ao curry depois e coloque o capim-limão fatiado no miniprocessador. Junte os outros ingredientes da pasta de curry e bata até obter uma pasta cremosa.

2 Aqueça o óleo numa panela grande em fogo médio. Adicione a pasta de curry e refogue por 30 segundos, até liberar o aroma.

3 Acrescente o leite de coco, o suco de limão e as pontas reservadas dos talos de capim-limão e tempere com uma pitada de sal. Misture bem, deixe ferver e diminua o fogo. Junte os pitus e cozinhe por 5 minutos, até que fiquem rosados e cozidos. Retire as pontas do capim-limão e sirva imediatamente.

Pitus com gengibre e pimenta

1 Aqueça a wok em fogo alto e junte o óleo. Quando estiver quente, acrescente a cebola, o gengibre e a pimenta verde e refogue por 2-3 minutos, até a cebola começar a dourar.

2 Espalhe o coentro seco sobre a cebola. Adicione os pitus, a cúrcuma, o suco de limão e 2 colheres (sopa) de água e tempere com uma pitada de sal. Continue a refogar por 2-3 minutos, até que os pitus estejam rosados e cozidos. Sirva imediatamente.

4 PORÇÕES

2 colheres (sopa) de óleo vegetal
1 cebola roxa em fatias finas
2,5 cm de gengibre sem casca cortado em palitos finos
1 pimenta verde sem sementes em fatias finas
um punhado grande de coentro seco
500 g de pitus sem casca limpos
½ colher (chá) de cúrcuma
suco de ½ limão-siciliano
sal marinho

COMBINA COM

Frango vietnamita em panela de barro com anis-estrelado e capim-limão (p. 61)
Dhal de lentilhas (p. 174)
Cheesecake de manga, laranja e noz-moscada (p. 201)

Gengibre

O gengibre é uma raiz bulbosa de sabor fresco, perfume doce e uma leve ardência. Durante séculos, foi usado por suas finalidades culinárias e medicinais. Foi mencionado pela primeira vez no século V a.C. pelo filósofo chinês Confúcio. O nome deriva da palavra sânscrita antiga *stringa-vera*, que significa "com um corpo como uma galhada". Hoje, o gengibre tem uma variedade enorme de usos na cozinha e é considerado um ótimo auxiliar da digestão, além de ajudar a aliviar o enjoo.

No Oriente, o gengibre é muito usado em pratos salgados, enquanto no Ocidente é mais usado em pratos doces. É encontrado em formas variadas: fresco (minha favorita), como picles, em pó, em conserva ou cristalizado, e cada uma delas tem usos muito diferentes.

Quando adquirir gengibre fresco, escolha um pedaço robusto, suculento, com a pele fina e clara – ela deve esfolar facilmente se esfregada com a unha. Se a pele não soltar com facilidade e o gengibre tiver um aspecto murcho, é porque perdeu a umidade e o frescor, logo não terá sabor agradável.

O gengibre é bem fibroso, por isso pedaços grandes podem ser duros demais para comer. Para prepará-lo, raspe a pele com uma faquinha afiada e corte em pedaços pequenos que possam ser fatiados em palitos finos, picados ou ralados – o que retira a parte fibrosa e é ideal para molhos de saladas. Também é possível moer os pedaços pequenos, para obter uma pasta, no miniprocessador, moedor de pimenta ou pilão.

Curry malaio amarelo de mexilhões

4 PORÇÕES
2 colheres (sopa) de óleo vegetal
400 ml de leite de coco
suco de ½ limão-siciliano
1 kg de mexilhões limpos
um punhado grande de folhas de coentro

PASTA DE CURRY
2 talos de capim-limão
2,5 cm de gengibre sem casca
2 dentes de alho
50 g de castanhas de caju sem sal
½ colher (chá) de pasta de camarão
½ colher (chá) de pimenta em flocos
½ colher (chá) de cúrcuma

COMBINA COM
Salada indiana de frango, romã e ervas (p. 38)
Char Kueh Toew (Macarrão de arroz frito com pitus e ovos) (p. 193)

1 Para preparar a pasta de curry, retire as folhas externas muito duras do capim-limão e corte as pontas dos talos. Começando pela ponta mais larga, fatie grosseiramente cada talo em anéis. Deve aparecer uma faixa roxa nos anéis. Pare de fatiar quando não houver mais essa faixa e descarte o restante do capim-limão, que é duro demais para ser consumido. Coloque os anéis de capim-limão no miniprocessador com os outros ingredientes da pasta de curry e bata até obter uma pasta cremosa.
2 Aqueça o óleo numa wok grande em fogo médio. Junte a pasta de curry e refogue por 30 segundos, até liberar o aroma; despeje o leite de coco e o suco de limão. Misture bem e deixe ferver, diminua o fogo e cozinhe, mexendo de vez em quando, por 5 minutos.
3 Descarte os mexilhões que não fecharem com um tapa leve. Junte-os com cuidado à mistura de coco, tampe e cozinhe por 5-6 minutos, sacudindo a panela de vez em quando, até que quase todas as conchas estejam abertas.
4 Tire os mexilhões do fogo e divida-os em quatro tigelas, descartando os que estiverem fechados. Espalhe o coentro por cima e sirva imediatamente.

Lula refogada com pimenta e coentro

Durante minha viagem por vários países, a primeira noite em Bangcoc foi um desastre. Embora não visitasse a cidade havia dez anos, pensava conhecê-la como a palma da minha mão. Perambulei pelas ruas e, para minha decepção, não comi nada digno de menção, por isso no dia seguinte não me arrisquei e fui direto ao que conheço melhor: os mercadões. Fui para o Tor Kor, no norte da cidade, que estava cheio de funcionários públicos famintos atrás de um bom almoço. Esqueça o frango e o sanduíche de bacon: esse lugar tem curries e macarrões incríveis, carne de porco assada com vagens, mariscos no molho vermelho, satay grelhado, omelete de ostras, saladas de papaia e esta apimentadíssima lula refogada. Se eu pudesse almoçar este prato todos os dias, seria um homem muito feliz.

4 PORÇÕES

700 g de minilulas limpas
2 colheres (sopa) de óleo vegetal
1 colher (chá) de pimenta em flocos
2 dentes de alho picados
2 colheres (sopa) de molho de ostra
1 colher (sopa) de molho de peixe
suco de ½ limão
um punhado grande de folhas de coentro picadas grosseiramente

1 Corte os tentáculos da lula a partir do tubo e mantenha-os inteiros; abra os tubos e faça entalhes com uma faca afiada, num padrão xadrez, na parte interna.
2 Aqueça o óleo numa wok em fogo médio. Quando esquentar, junte a pimenta em flocos e o alho; refogue por 30 segundos, até liberar o aroma, e junte a lula. Frite por 2-3 minutos, até ela ficar opaca e inteiramente cozida. Despeje por cima o molho de ostra, o molho de peixe e o suco de limão e refogue por 30 segundos para misturá-los.
3 Junte o coentro picado, misture bem e sirva imediatamente.

COMBINA COM

Carne refogada com pimenta-do-reino e manjericão (p. 89)
Nasi Goreng (Arroz frito indonésio) (p. 186)

Vieiras com pimenta e manjericão

Durante muitos anos, meu irmão Tom foi para mim um fiel companheiro de mesa, um copiloto que adora sua comida e também uma pessoa muito divertida. Lamentavelmente, ele se mudou para Hong Kong com Rachel, sua esposa, e assim ficou mais difícil organizar os jantares. A primeira escolha de Tom aonde quer que fôssemos sempre tinha algo a ver com vieiras, por isso este prato inspirado na Ásia está aqui para homenageá-lo. Agora, só falta sua ajuda para cozinhá-lo.

4 PORÇÕES

2 colheres (sopa) de óleo vegetal
4 dentes de alho picados
2 pimentas vermelhas sem sementes picadas
1 cebola roxa em fatias finas
500 g de vieiras com ou sem ovas
1 colher (sopa) de shoyu light
1 colher (sopa) de molho de peixe
¼ de colher (chá) de açúcar
½ colher (chá) de pimenta-do-reino moída grosseiramente
dois punhados generosos de folhas de manjericão picadas grosseiramente

COMBINA COM

Frango Gung Bao (p. 60)
Refogado de legumes da Casa de Chá de Pequim (p. 169)

1 Aqueça o óleo numa wok grande em fogo alto. Quando fumegar, junte o alho e as pimentas vermelhas e refogue por 30 segundos, até liberar o aroma. Junte a cebola e refogue por 1 minuto, adicione as vieiras e refogue por mais 1-2 minutos, até começarem a dourar nas bordas.

2 Despeje o shoyu e o molho de peixe e polvilhe o açúcar e a pimenta-do-reino. Misture bem e refogue por 1 minuto, até que as vieiras estejam levemente cozidas e tenras. Acrescente as folhas de manjericão, misture bem e sirva imediatamente. Você pode usar as conchas das vieiras, se quiser.

CAPÍTULO 5

Pratos vegetarianos

A comida vegetariana deve ser estimulante e versátil. Neste capítulo vou mostrar como é possível criar pratos soberbos com cinco ou menos especiarias. Deliciosos hambúrgueres de falafel, ovos mexicanos, quesadillas com caldo apimentado, alho e cominho, pizza libanesa, curries, dhal, feijão refogado e a mais incrível receita de berinjela. Há muitos modos de cozinhar esse legume, mas as Berinjelas queimadas com especiarias indianas e coentro, que usam apenas quatro especiarias – pimentas verdes frescas, garam masala, cúrcuma e coentro em pó –, são espetaculares.

À ESQUERDA: Curry cambojano de legumes (p. 160)

Hambúrgueres de falafel com molho de iogurte e tahine

4 PORÇÕES

½ cebola roxa picada grosseiramente
½ pimenta verde sem sementes picada grosseiramente
2 dentes de alho
um punhado grande de folhas de hortelã, mais um pouco para finalizar
400 g de grão-de-bico cozido e escorrido
1 colher (chá) de cominho em pó
2 colheres (sopa) de farinha de trigo
suco e raspas de 1 limão-siciliano
4 colheres (sopa) de sementes de gergelim
2 colheres (sopa) de azeite
sal marinho e pimenta-do-reino moída na hora

MOLHO

200 ml de iogurte natural
3 colheres (sopa) de pasta de tahine
suco de ½ limão-siciliano

COMBINA COM

Salada fattoush (p. 33)
Bolo libanês de limão e baunilha (p. 198)

1 Coloque a cebola, a pimenta verde, o alho e a hortelã no processador e acione o botão "pulsar" por alguns segundos, até os ingredientes ficarem bem picados. Junte o grão-de-bico, o cominho, a farinha, o suco e as raspas de limão e tempere com uma boa pitada de sal e pimenta-do-reino. Bata bastante, até obter uma pasta cremosa; despeje-a numa tigela, cubra e leve à geladeira por 30 minutos.

2 Para fazer o molho, misture o iogurte, a pasta de tahine e o suco de limão numa tigela; tempere com uma boa pitada de sal e pimenta-do-reino e reserve.

3 Divida a mistura de falafel em oito e modele os hambúrgueres. Espalhe as sementes de gergelim numa travessa e pressione os hambúrgueres sobre elas, até cobri-los bem.

4 Aqueça o azeite numa frigideira em fogo médio, frite o falafel por 3 minutos de cada lado, até ficar dourado e crocante. Sirva imediatamente com o molho e espalhe a hortelã por cima.

Huevos mexicanos Ovos mexidos mexicanos

Para aprender sobre a verdadeira comida mexicana, é preciso passar alguns dias com a minha maravilhosa amiga Estella em sua bela casa nas montanhas de Puebla. Ela é uma figura e tanto, apaixonada pela comida mexicana e sempre trazendo um sorriso. Na primeira manhã em sua casa, ela me apresentou uma mostra da verdadeira culinária daquele país – huevos mexicanos servidos com tortilhas aquecidas. Fui seu hóspede por uma semana, durante a qual ela me ensinou sobre tomatillos e tamales, pimentas poblanas e serranas e me transmitiu a sua paixão pela culinária mexicana.

1 Aqueça o óleo numa frigideira grande em fogo médio. Junte a cebola, o pimentão vermelho, o alho e a pimenta verde e cozinhe por 6-8 minutos, mexendo de vez em quando, até a cebola dourar. Junte os tomates, misture bem e cozinhe por mais 3-4 minutos, até que comecem a amolecer.

2 Despeje os ovos e tempere com uma boa pitada de sal e pimenta-do-reino. Misture bem e deixe descansar por cerca de 1 minuto, até que os ovos comecem a firmar em torno da borda da panela. Então misture tudo até eles ficarem bem firmes.

3 Junte as cebolinhas e o coentro, dê mais uma mexida nos ovos e sirva imediatamente.

4 PORÇÕES

2 colheres (sopa) de óleo vegetal
1 cebola roxa pequena picadinha
½ pimentão vermelho sem sementes picado
1 dente de alho picado
½ pimenta verde sem sementes picada
2 tomates picados
4 ovos graúdos batidos
2 cebolinhas picadas
um punhado de folhas de coentro
sal marinho e pimenta-do-reino moída na hora

COMBINA COM

Arroz pilaf com ervas e especiarias (p. 181)
Pêssegos mexicanos com canela (p. 206)

Alho

O alho é um dos meus ingredientes favoritos. Eu o adoro de qualquer maneira, seja usado em enormes quantidades num curry ou refogado, seja assado no forno, seja cru na bruschetta de tomate ou simplesmente amassado na maionese.

Esse tempero é cultivado em todo o mundo, mas a China é seu maior produtor. Tem também excelentes virtudes medicinais, auxiliando na redução do colesterol e da hipertensão ou no combate a resfriados, por suas propriedades antibacterianas. Devido ao seu sabor pungente, algumas religiões, como o jainismo, consideram-no um estimulante que aquece o corpo e aumenta os desejos – devendo por isso mesmo ser evitado.

Há muitas variedades de alho à venda: fresco, em pó, pré-picado, em picles, como purê, defumado e em infusão no óleo. *In natura*, o alho tem um sabor acentuado e picante; cozido, se torna mais doce e suave. Podem me chamar de purista, mas eu recomendo usá-lo sempre cru, pois é muito fácil de preparar, dura semanas em lugar seco e é mais saboroso do que qualquer outra coisa.

A forma mais fácil de preparar o alho é colocar um dente na tábua de picar, cortar a ponta e apertá-lo delicadamente usando o lado chato da faca. Isso fará a casca desprender, facilitando sua retirada. Depois é só fatiar ou picar, batendo novamente no alho descascado com a parte chata da faca para que fique ainda mais fácil picá-lo. Nesse estágio também é possível amassá-lo para fazer uma pasta. Para isso, junte uma pitada de sal marinho ao alho já batido e esfregue-o no alho com a parte chata da faca. Pare quando já tiver obtido uma bela pasta macia.

Quesadillas com caldo apimentado

1 Para fazer o caldo apimentado, coloque todos os ingredientes no liquidificador, tempere com uma boa pitada de sal e pimenta-do-reino e bata em velocidade alta por 5 minutos, até ficar bem cremoso. Despeje numa panela grande e deixe ferver. Tampe, reduza o fogo e cozinhe por 30 minutos, mexendo de vez em quando, até que o caldo reduza levemente e os sabores se expandam. O caldo começará a parecer um pouco granulado, por isso, recoloque no liquidificador e bata, até ficar novamente cremoso. Lembre-se de deixar um pequeno vão na tampa para que o vapor escape.

2 Aqueça uma frigideira grande em fogo médio e coloque uma das tortilhas. Ponha ¼ da mussarela sobre a tortilha, em seguida outra por cima. Aqueça por cerca de 2 minutos, até que o queijo comece a borbulhar pelos lados das quesadillas e o fundo da tortilha comece a ficar crocante. Empurre a parte de cima para baixo com uma espátula e em seguida dobre por cima. Cozinhe por mais 2 minutos, até que a tortilha esteja crocante. Repita com as outras tortilhas.

3 Corte cada quesadilla em quartos e sirva imediatamente com o caldo apimentado.

4 PORÇÕES

8 tortilhas de farinha de trigo grandes
300 g de mussarela em fatias finas

CALDO APIMENTADO

dois punhados grandes de folhas de salsa
dois punhados grandes de folhas de coentro
2 pimentas verdes suaves sem sementes
4 cebolinhas
suco de 2 limões
30 g de sementes de abóbora
50 g de sementes de gergelim
2 dentes de alho
½ colher (sopa) de sementes de cominho
2 colheres (sopa) de azeite
560 ml de caldo de legumes picante
sal marinho e pimenta-do-reino moída na hora

COMBINA COM

Salada de feta, nozes e sementes de nigela (p. 21)
Salada de aspargos, vagem e wasabi (p. 36)

Pizza libanesa

Em Beirute, trabalhei numa bela *brasserie* chamada Souk el Tayeb. Normalmente, eu não tomava café da manhã porque comia muito bem durante o dia. Certa manhã, contudo, estava com tanta fome que pedi um desjejum que veio a ser meu novo "café da manhã dos campeões": pão sírio cozido na hora, coberto com especiarias, queijo e hortelã. Fui instruído a abri-lo e empapá-lo com pimenta e suco de limão antes de dobrá-lo. Foi uma experiência culinária maravilhosa. Eis a minha versão.

4 PORÇÕES

2 colheres (sopa) de tomilho seco
1½ colher (chá) de cominho em pó
½ colher (chá) de pimenta-da-jamaica em pó
¼ de colher (chá) pimenta em pó
4 colheres (sopa) de azeite
4 tortilhas grandes de farinha de trigo
200 g de tomates-cereja cortados ao meio
200 g de mussarela em fatias finas
um punhado generoso de folhas de hortelã picadas grosseiramente
sal marinho
fatias de limão-siciliano para acompanhar

COMBINA COM

Salada fattoush (p. 33)
Salada de frutas tropicais com molho de pimenta, anis-estrelado, canela e limão (p. 210)
Coquetel de rum, capim-limão e gengibre (p. 216)

1 Preaqueça o forno a 220°C. Misture o tomilho, o cominho, a pimenta-da-jamaica em pó, a pimenta em pó, o azeite e uma pitada de sal numa tigela. Estenda as tortilhas abertas numa grelha e pincele a superfície com o azeite aromatizado. Divida os tomates-cereja e a mussarela em quatro porções e disponha sobre cada tortilha.

2 Coloque a grelha com as pizzas no forno e cozinhe por 5-6 minutos, até a massa ficar bem crocante nas bordas e o queijo derreter. Espalhe por cima a hortelã e sirva imediatamente com fatias de limão.

Curry cambojano de legumes

4 PORÇÕES

2 colheres (sopa) de óleo vegetal
1 cebola roxa picada grosseiramente
400 ml de creme (ou leite) de coco
suco de 1 limão
3 colheres (sopa) de molho de peixe
1 abobrinha em cubinhos
250 g de cogumelos shitake em pedacinhos
250 g de couve-flor em pedaços pequenos
1½ pimenta vermelha sem sementes em fatias finas
150 g de ervilhas congeladas
um punhado de folhas de coentro picadas grosseiramente

PASTA DE CURRY

3 talos de capim-limão
3 dentes de alho
2 colheres (chá) de coentro em pó
½ colher (chá) de açúcar

COMBINA COM

Frango crocante de Rosamma com pimenta (p. 80)
Bifes ao molho de pimenta-do-reino (p. 88)
Arroz pilaf com ervas e especiarias (p. 181)

1 Para preparar a pasta de curry, retire as duras folhas externas do capim-limão e corte a ponta dos talos. Começando pela ponta mais larga, fatie grosseiramente os talos em anéis. Deve aparecer uma faixa roxa. Pare de fatiar quando não houver mais essa faixa, já que a ponta é dura demais para comer. Reserve as pontas para acrescentar ao curry mais tarde e coloque os anéis de capim-limão num miniprocessador. Agregue os outros ingredientes da pasta de curry e misture até ficar macia.

2 Aqueça o óleo numa frigideira grande em fogo médio, coloque a cebola e frite, mexendo de vez em quando, por 6-8 minutos, até que esteja com aspecto dourado e macio. Acrescente a pasta de curry e frite por 30 segundos, mexendo até ficar perfumado, então despeje o creme (ou leite) de coco, o suco de limão e o molho de peixe. Coloque as pontas de capim-limão reservadas. Mexa bem e deixe ferver.

3 Acrescente a abobrinha, os cogumelos, a couve-flor e a pimenta vermelha, então abaixe o fogo e cozinhe por 15 minutos. Coloque as ervilhas congeladas, mexa bem e cozinhe em fogo baixo por mais 10 minutos, até que as hortaliças estejam macias mas ainda bem consistentes.

4 Retire as pontas de capim-limão do curry e agregue o coentro. Mexa bem e sirva imediatamente.

Berinjelas queimadas com especiarias indianas e coentro

Esta é uma das melhores maneiras que eu conheço de preparar berinjelas. Há diferentes variedades deste prato, geralmente conhecido como baingan bharta – berinjela amassada – em toda a Índia. Esta é de Punjab. Fica ótima com qualquer carne ou peixe grelhados ou como molho e funciona quente, frio ou em temperatura ambiente, por isso experimente você mesmo.

1 Com pinças, segure uma das berinjelas sobre a chama do fogão, em fogo alto, por cerca de 8-10 minutos, girando a cada 2-3 minutos, até ficar chamuscada por igual, macia e tenra. Repita com a outra berinjela. Se estiver usando o forno, preaqueça-o a 200°C e asse as berinjelas por 45 minutos, virando a cada 15 minutos, até ficarem chamuscadas e macias.

2 Espere as berinjelas esfriarem e retire cuidadosamente os talos e a pele chamuscada com uma faca afiada. Procure retirar o máximo de pele, mas não se preocupe se ficar um pouquinho, pois o propósito é adicionar um sabor defumado. Amasse levemente a polpa da berinjela com um garfo, até obter uma pasta grossa.

3 Aqueça o óleo numa frigideira em fogo alto, junte a cebola e a pimenta verde. Refogue por 3-4 minutos até dourar, adicione os tomates, a cúrcuma, o garam masala, o coentro em pó, o sal e as berinjelas amassadas. Misture bem, cubra, diminua o fogo e cozinhe por 30 minutos, mexendo de vez em quando. Se a mistura começar a parecer seca, junte um pouco de água.

4 Acrescente o coentro picado e o suco de limão para refrescar, misture bem e sirva quente, em temperatura ambiente ou frio.

4 PORÇÕES

2 berinjelas graúdas
2 colheres (sopa) de óleo vegetal
1 cebola roxa graúda picada
1 pimenta verde sem sementes picada
2 tomates médios picados
1 colher (chá) de cúrcuma
1 colher (chá) de garam masala
2 colheres (chá) de coentro em pó
1 colher (chá) de sal marinho
um punhado generoso de folhas de coentro picadas
suco de ½ limão-siciliano

COMBINA COM

Frango ao molho de sementes de mostarda e macadâmia (p. 73)
Costeletas indianas de espinafre com raita (p. 163)

Escalopes indianos de espinafre com raita

1 Coloque as batatas numa panela com água em fogo alto, deixe ferver, diminua o fogo e cozinhe por 15-20 minutos, até ficarem macias. Enquanto as batatas cozinham, coloque o espinafre num escorredor sobre a panela para cozinhar no vapor por 8-10 minutos, até murchar.

2 Escorra as batatas e amasse bem. Depois que o espinafre esfriar, esprema o excesso de água com as mãos, para que as costeletas não fiquem encharcadas.

3 Aqueça 2 colheres (sopa) do óleo numa frigideira em fogo médio e refogue a cebola, o gengibre e a pimenta verde por 4-5 minutos, até amaciarem. Junte a pimenta-do--reino, o garam masala e o sal e cozinhe por mais 1 minuto; tire do fogo e deixe esfriar.

4 Enquanto isso, misture os ingredientes da raita numa tigela, tempere com uma boa pitada de sal e pimenta-do-reino e reserve.

5 Depois que tudo estiver em temperatura ambiente, coloque a batata amassada, o espinafre, a mistura de cebola e a farinha numa tigela, misture bem, cubra e deixe descansar por 30 minutos.

6 Divida a mistura em quatro partes e modele cada uma como um escalope. Espalhe a farinha de rosca em um prato e pressione delicadamente cada escalope até revesti-lo por todos os lados. Repita com os outros.

7 Aqueça 2 colheres (sopa) do óleo restante numa frigideira em fogo médio, frite os escalopes por 2-3 minutos de cada lado, até ficarem dourados e crocantes. Sirva imediatamente com a raita e polvilhe com o cominho em pó.

4 PORÇÕES

200 g de batatas sem casca em pedaços grandes
400 g de espinafre lavado
4 colheres (sopa) de óleo vegetal
1 cebola graúda picadinha
2,5 cm de gengibre sem casca picado
1 pimenta verde sem sementes picada
1½ colher (chá) de pimenta-do-reino moída na hora
1 colher (chá) de garam masala
1 colher (chá) de sal marinho
2 colheres (sopa) de farinha de trigo
dois punhados de farinha de rosca

RAITA

250 ml de iogurte natural
½ pepino sem sementes picado
suco de ½ limão-siciliano
um punhado de folhas de hortelã
cominho em pó para finalizar
sal marinho e pimenta-do-reino moída na hora

COMBINA COM

Kerala Korma (p. 68)
Dhal de lentilhas (p. 174)

Chana Masala Grão-de-bico indiano

Para muita gente, Délhi é um lugar para chegar e partir: é quente, populoso e movimentado. Todavia, minha amiga Ayesha deu um jeito para que eu ficasse com o pai dela em Nova Délhi, e minha experiência foi um pouco diferente. Fui recebido no aeroporto e conduzido numa bela Mercedes à casa da família de Ayesha – fantástico! Havia três chefs, e passei cada hora de vigília na cozinha. A comida era fora de série. Este prato de grão-de-bico é a minha versão do que os chefs cozinharam para mim.

4 PORÇÕES

2 colheres (sopa) de óleo vegetal
2 colheres (chá) de sementes de cominho
½ colher (chá) de sal marinho
1 colher (chá) de coentro em pó
½ colher (chá) de garam masala
½ colher (chá) de pimenta-do-reino moída na hora
1 pimenta verde sem sementes em fatias finas
800 g de grão-de-bico cozido e escorrido
suco de 1 limão-siciliano, mais algumas fatias para acompanhar
½ cebola roxa picada
um punhado de coentro picado
azeite para regar

COMBINA COM

Frango indiano com curry de espinafre (p. 70)
Curry de cordeiro do Templo Dourado (p. 98)

1 Aqueça o óleo vegetal numa panela grande em fogo médio e junte as sementes de cominho. Deixe-as crepitar e adicione o sal, o coentro em pó, o garam masala, a pimenta-do-reino e metade da pimenta verde. Frite um pouco, mexendo sem parar, até liberar o aroma.

2 Acrescente o grão-de-bico, o suco de limão e cerca de 250 ml de água fervente, o suficiente apenas para cobrir tudo. Amasse delicadamente alguns grãos-de-bico com uma colher para engrossar o caldo. Aumente o fogo para alto, deixe ferver e cozinhe por 10-12 minutos, mexendo de vez em quando, até que o caldo reduza e fique espesso o suficiente para envolver os grãos-de-bico.

3 Junte a cebola, o coentro picado e a pimenta verde restante. Isso deixará o prato com sabor refrescante e crocante. Misture bem, regue com um pouco de azeite e sirva com fatias de limão. Este prato é muito gostoso gelado.

Batatas fritas do Sri Lanka

A comida do Sri Lanka é de fato uma mistura interessante: os sabores do sul da Índia e da Malásia cruzam com a cozinha chinesa, deixando essa culinária bastante complexa, mas deliciosa. Quando estive no Sri Lanka, passei alguns dias cozinhando numa cidade chamada Kandy com minha hilária professora Priyani, que não conseguia entender por que eu, um homem, queria aprender a cozinhar. Homens não cozinham no Sri Lanka. Toda a família achava isso tão estranho que, em meu primeiro dia, ela chamou os amigos para mostrar a eles que um homem ocidental estava tendo lições de culinária em sua casa. A comida que preparamos ficou incrível. Esta é minha versão das batatas fritas de Priyani, que com certeza ela aprovaria; também tenho certeza de que ela rolaria de rir só de me imaginar cozinhando!

4 PORÇÕES

450 g de batatas asterix em tiras de 1 cm de espessura
2 colheres (sopa) de óleo vegetal
1 cebola roxa graúda em fatias finas
100 g de tomates-cereja cortados ao meio
1 pimenta verde sem sementes picada
1 colher (chá) de garam masala
um punhado de coentro seco
sal marinho

COMBINA COM

Kerala Korma (p. 68)
Merluza no vapor envolta em folha de bananeira (p. 126)

1. Coloque as batatas numa tigela grande, cubra com água fria e deixe por 10 minutos.
2. Enquanto isso, aqueça o óleo numa frigideira em fogo médio, junte a cebola e refogue por 8-9 minutos, até dourar. Escorra as batatas, adicione à panela com os tomates, a pimenta verde, o garam masala e 100 ml de água quente e tempere com sal. Acrescente o coentro à frigideira. Misture tudo muito bem, deixe ferver, tampe, diminua o fogo e cozinhe por 15 minutos, até as batatas ficarem macias.
3. Destampe e cozinhe por mais 5 minutos, mexendo de vez em quando, até que o líquido reduza a ponto de apenas cobrir as batatas. Sirva imediatamente.

Tofu crocante de Sichuan

A base deste prato é uma combinação de especiarias: alho, gengibre, pimenta-chinesa e pimenta em flocos. Elas interagem como se fossem velhos amigos reunidos. Para suavizar essa mistura picante, acrescentei shoyu, por causa do sal, e cebolinha, que estimula os sabores com sua fragrância refrescante. O tofu crocante, que amolece e macera os sabores, é o veículo perfeito para conduzir esse molho explosivo, e o resultado é um prato que inflama cada sensação gustativa em nossas bocas.

4 PORÇÕES

500 ml de óleo vegetal, mais 1 colher (sopa) para refogar
350 g de tofu firme escorrido cortado em cubinhos
½ colher (sopa) de maisena
1 colher (sopa) de vinagre de vinho tinto
2 colheres (sopa) de shoyu
1 colher (chá) de açúcar
2,5 cm de gengibre sem casca picadinho
4 dentes de alho picados
6 cebolinhas picadas
½ colher (chá) de pimenta-chinesa em pó
½ colher (chá) de pimenta em flocos

1. Aqueça o óleo numa frigideira de fundo grosso. O óleo deve estar bem quente para que o tofu fique crocante, por isso teste a temperatura jogando, com cuidado, um pedacinho de tofu na panela. Se o óleo estiver bem quente, o tofu emergirá imediatamente à superfície, cercado por bolhas, e ficará dourado e crocante. Adicione-o à panela aos poucos, cerca de 3-4 pedaços por vez. Frite-os por 6-8 minutos, virando de vez em quando com uma espátula, até ficarem dourados e crocantes. Tire-os cuidadosamente com a escumadeira e coloque sobre papel-toalha.
2. Misture a maisena, o vinagre de vinho tinto, o shoyu e o açúcar com 100 ml de água numa tigelinha. Aqueça uma wok em fogo alto e junte 1 colher (sopa) do óleo. Quando estiver quente, adicione o gengibre, o alho, as cebolinhas, a pimenta-chinesa e a pimenta em flocos. Refogue até liberar o aroma, diminua o fogo para médio e acrescente a mistura de maisena. Misture tudo muito bem e continue a refogar por 2 minutos, até que o molho reduza e fique espesso.
3. Acrescente o tofu e misture delicadamente. Abaixe o fogo e cozinhe por 1-2 minutos até aquecer por completo. Sirva imediatamente.

COMBINA COM

Bifes ao molho de pimenta-do-reino (p. 88)
Cherne apimentado do Sri Lanka (p. 117)

Refogado de legumes da Casa de Chá de Pequim

Esta receita foi inspirada num delicioso prato de um restaurante chamado Han Cang, no bairro de Xicheng, em Pequim, onde almocei com alguns amigos, num memorável dia de outono. Caminhamos por um belo complexo de lagos que se espalham a partir da Cidade Proibida, sobre pontes enfeitadas com folhas marrons e laranja e passamos por fileiras de bicicletas ergométricas e elípticas instaladas pelo governo às margens dos lagos. Incrível! O almoço foi uma amostra da China. Tivemos peixe agridoce, carne de panela e um adorável prato de cogumelos refogados. Esta é minha versão desse refogado.

1 Aqueça uma wok grande em fogo alto e junte o óleo. Quando fumegar, tire do fogo e adicione as pimentas-chinesas em grãos. Refogue-as no óleo quente por alguns segundos e retire com uma escumadeira. Isso trará todo o sabor picante para o óleo, sem deixar vestígio de pedacinhos arenosos.

2 Reaqueaça a wok em fogo alto. Quando fumegar, acrescente o alho, o gengibre, a cebola e a pimenta em flocos e refogue por 1-2 minutos, até que tudo comece a ficar dourado. Adicione os cogumelos e refogue por mais 2 minutos, até começarem a murchar e pegar cor; junte a acelga-chinesa e refogue por 2 minutos. Acrescente o shoyu e o molho de ostra e refogue por 1 minuto, até que tudo esteja envolto pelo molho suculento e bem quente.

4 PORÇÕES

2 colheres (sopa) de óleo vegetal
1 colher (chá) de pimenta-chinesa em grãos
3 dentes de alho fatiados no comprimento
2,5 cm de gengibre sem casca picado
1 cebola roxa picadinha
1 colher (chá) de pimenta em flocos
250 g de cogumelos-ostra rasgados em pedaços
200 g de acelga-chinesa cortada ao meio
2 colheres (sopa) de shoyu
1 colher (sopa) de molho de ostra
arroz para acompanhar (opcional)

COMBINA COM

Carne refogada com pimenta-do-reino e manjericão (p. 89)
Carne de porco recozida (p. 111)

Berinjelas cambojanas assadas com gengibre e coco

Como muitos pratos cambojanos, este é uma mistura de sabores tailandeses e chineses. Funciona muito bem, com pedaços tenros de berinjela marinados no molho cremoso de coco. A especiaria principal é a pimenta-do-reino, que é usada com frequência na cozinha cambojana em vez da pimenta-malagueta – acrescente ½ colher de chá, se quiser um sabor mais ativo.

4 PORÇÕES

1 colher (sopa) de óleo vegetal
2 berinjelas graúdas
2 colheres (sopa) de coco ralado
5 cm de gengibre sem casca cortado em fatias finas
500 ml de creme (ou leite) de coco
2 colheres (sopa) de molho de ostra
1 colher (chá) de pimenta-do-reino moída na hora
um punhado de açúcar
4 cebolinhas em fatias finas

COMBINA COM

Espetos de cordeiro grelhado com salada de trigo-sarraceno (p. 106)
Bolos de peixe indianos com chutney de coentro e coco (p. 122)
Curry malaio de pitu com especiarias (p. 138)

1 Preaqueça o forno a 200°C. Esfregue o óleo sobre a casca das berinjelas, transfira-as para uma assadeira e asse por 25-30 minutos, até ficarem macias mas com a polpa não cozida. Depois de suficientemente frias para ser manuseadas, descasque e pique a polpa em pedaços grandes.

2 Aqueça uma frigideira rasa em fogo médio e junte o coco ralado e o gengibre. Cozinhe por 2-3 minutos, mexendo sem parar, até o coco começar a dourar. Despeje o creme (ou leite) de coco, o molho de ostra, a pimenta-do-reino e o açúcar e misture bem. Deixe ferver e adicione a berinjela cozida. Diminua o fogo e cozinhe lentamente por 5 minutos, até que a berinjela esteja inteiramente aquecida e o molho levemente reduzido. Espalhe as cebolinhas por cima e sirva imediatamente.

Frijoles negros

Feijão mexicano refogado com alho, pimenta-malagueta e coentro

No México, quase todos os pratos, em todos os restaurantes, em todas as refeições, vêm com feijão. Você certamente vai se deparar com enormes caldeirões de *frijoles* negros, esperando ser amassados e refogados para depois serem transformados neste prato tão apreciado.

1 Coloque o feijão numa panela grande de água com bicarbonato de sódio. Misture bem e deixe por 2 horas. Isso o tornará mais digerível. Escorra, lave e recoloque o feijão na panela com 800 ml de água. Junte 1 cebola cortada em quartos, a pimenta verde, a pimenta-do-reino em grãos e 4 dentes de alho inteiros. Aumente o fogo, deixe ferver, tampe, diminua o fogo e cozinhe lentamente por 2h30.

2 Destampe a panela, aumente o fogo para médio e cozinhe o feijão por 30-40 minutos, mexendo de vez em quando, até ficar tenro e o caldo reduzido e espesso. Tempere com uma boa pitada de sal e misture tudo. Transfira para uma tigela grande e amasse, até o feijão começar a desmanchar. Gosto dele com um pouco de textura, mas deixe-o no ponto que preferir.

3 Aqueça o azeite numa frigideira grande em fogo alto e junte a cebola picada, os 2 dentes de alho fatiados e a pimenta jalapeño. Refogue por 3-4 minutos, até que a cebola e o alho estejam dourados. Adicione o feijão à panela, misture bem e diminua o fogo para médio. Cozinhe por 4-5 minutos, até aquecer inteiramente e obter uma textura cremosa.

4 Misture as cebolinhas, o suco de limão, o coentro picado e uma pitada final de sal e pimenta-do-reino. Sirva imediatamente com lascas de tortilha para molhar no caldo.

4 PORÇÕES

200 g de feijão-preto
1 colher (chá) de bicarbonato de sódio
2 cebolas roxas (1 em quartos e 1 picada)
1 pimenta verde com um talho na ponta inferior
10 grãos de pimenta-do-reino
6 dentes de alho (4 inteiros e 2 fatiados)
2 colheres (sopa) de azeite
1 pimenta jalapeño vermelha sem sementes picada grosseiramente
4 cebolinhas picadinhas
suco de 1 limão
dois punhados generosos de folhas de coentro picadas
sal marinho e pimenta-do-reino moída na hora
lascas de tortilha para acompanhar

COMBINA COM

Burritos de carne de panela (p. 86)
Pimentões mexicanos de Estella recheados de carne ao molho de pecã (p. 92)

CAPÍTULO 6

Arroz e massa

Por que insistir no mesmo arroz sem graça? Neste capítulo, vou mostrar como é fácil cozinhar uma porção de pratos de arroz maravilhosos usando apenas algumas especiarias simples. Basta, por exemplo, um pouco de cardamomo e cominho com algumas ervas frescas para fazer o Arroz pilaf com ervas e especiarias, um dos meus pratos de arroz prediletos para servir com carne, peixe ou legumes grelhados. Adicionar temperos inteiros ao arroz agrega tanto sabor que não é preciso mais nada. Jogar um pouco de canela, cravo, anis-estrelado e cardamomo incrementa muito o sabor do Arroz com tomate e coco. E o mesmo se aplica ao macarrão: como a massa absorve todo o gosto dos temperos, uma pequena quantidade rende muito. Por exemplo, ao juntar garam masala, cúrcuma e pimenta--malagueta fresca no preparo do Macarrão com carne bovina e pitu, você transforma um prato insípido em algo vibrante e delicioso.

À ESQUERDA: Char Kueh Toew (p. 193)

Arroz basmati com frutos do mar

O gosto forte deste prato mexicano deriva dos aromas e sabores deliciosos da canela e do cravo. Eles penetram no arroz enquanto este cozinha no molho, dando-lhe profundidade. O alho e os tomates propiciam equilíbrio, enquanto o coentro e o suco de limão fresco, acrescidos pouco antes de servir, dão vida às especiarias, que combinam maravilhosamente bem com os suculentos pitus.

4 PORÇÕES

2 colheres (sopa) de azeite
1 cebola picada
400 g de tomates em lata picados
1 pimenta vermelha sem sementes picada
2 dentes de alho
5 cm de canela em pau
3 cravos-da-índia
½ colher (chá) de açúcar
350 g de arroz basmati
600 ml de caldo de frango ou de legumes quente
8 pitus crus com casca
um punhado de folhas de coentro picadas grosseiramente
suco de 1 limão
sal marinho e pimenta-do-reino moída na hora
1 limão em quartos para acompanhar

COMBINA COM

Frango à mexicana com iogurte e amêndoas (p. 75)
Kebabs siques indianos (p. 105)

1. Aqueça o óleo numa frigideira grande em fogo médio, junte a cebola e frite por 6-8 minutos, mexendo de vez em quando, até dourar. Adicione os tomates, a pimenta vermelha, o alho, a canela, os cravos e o açúcar e tempere com uma boa pitada de sal e pimenta-do-reino. Misture bem e deixe ferver; tampe, diminua o fogo e cozinhe por 10 minutos.
2. Enquanto isso, coloque o arroz numa panela grande, cubra com água fria, misture e deixe descansar por 5 minutos. Despeje o arroz num escorredor e lave em água corrente, até que a água saia clara. Isso retira o amido, garantindo um arroz soltinho.
3. Recoloque o arroz na panela em fogo médio. Junte os tomates e o caldo quente e misture delicadamente. Deixe ferver, tampe, diminua o fogo e cozinhe por 2 minutos.
4. Coloque os pitus por cima do arroz, tampe novamente e cozinhe por mais 10-12 minutos, até que a água seja absorvida e o arroz esteja quase cozido mas ainda *al dente*. Tire do fogo e destampe. Coloque um pano de prato limpo sobre o arroz, tampe novamente e deixe cozer no vapor por 5-10 minutos.
5. Tire os pitus cozidos do arroz e reserve. Junte o coentro e o suco de limão, tempere com uma boa pitada de sal e pimenta-do-reino e misture bem. Coloque os pitus novamente sobre o arroz e sirva imediatamente com as fatias de limão.

Arroz pilaf com ervas e especiarias

1 Aqueça uma frigideira grande em fogo médio. Junte as castanhas de caju e toste-as por 1-2 minutos, sacudindo a panela constantemente. Adicione as amêndoas e continue a sacudir a panela por mais 1-2 minutos, até as castanhas e as amêndoas começarem a dourar. Transfira-as para uma travessa e reserve.

2 Coloque as bagas de cardamomo numa tábua de cortar e, usando o cabo da faca, pressione até que elas se abram e revelem as sementes. Isso ajudará a liberar o sabor. Aqueça o azeite numa frigideira grande em fogo médio e adicione as bagas abertas e as sementes de cominho. Refogue rapidamente, até as sementes começarem a crepitar; a seguir, junte a cebola e frite por 3-4 minutos, mexendo de vez em quando, até ficar macia.

3 Coloque o arroz numa panela grande, cubra com água fria, misture e deixe descansar por 5 minutos. Despeje o arroz num escorredor e lave em água corrente, até a água sair clara. Isso retira o amido, garantindo um arroz soltinho.

4 Recoloque o arroz lavado na panela em fogo médio. Junte a mistura de cebola e especiarias e adicione o caldo quente. Deixe ferver, tampe, diminua o fogo e cozinhe por 10-15 minutos, até que toda a água seja absorvida e o arroz esteja quase cozido mas ainda *al dente*. Tire do fogo e destampe. Cubra o arroz com um pano de prato limpo, tampe novamente e deixe no vapor por 5-10 minutos.

5 Afofe o arroz com um garfo e misture as castanhas de caju e as amêndoas torradas, a salsa e o coentro. Tempere com uma boa pitada de sal e pimenta-do-reino, regue com um pouco de azeite, acrescente alguns raminhos de coentro como toque final e sirva quente ou morno.

4 PORÇÕES

55 g de castanhas de caju
55 g de amêndoas em flocos
2 bagas de cardamomo
2 colheres (sopa) de azeite mais um pouco para regar
2 colheres (chá) de sementes de cominho
1 cebola graúda picada
350 g de arroz basmati
600 ml de caldo de frango ou de legumes quente
dois punhados generosos de folhas de salsa picadinhas
dois punhados generosos de folhas de coentro, mais alguns raminhos para enfeitar
sal marinho e pimenta-do-reino moída na hora

COMBINA COM

Frango marroquino com canela e limão (p. 67)
Guisado persa de cordeiro com açafrão e mel (p. 101)
Cherne apimentado do Sri Lanka (p. 117)

Arroz frito do Sri Lanka com castanhas de caju e ovos

4 PORÇÕES
350 g de arroz basmati
5 cm de canela em pau
4 cravos-da-índia
4 bagas de cardamomo
1 colher (chá) de cúrcuma
1 colher (chá) de sal marinho
50 g de manteiga
1 cenoura graúda ralada ou picada
1 pimenta vermelha sem sementes picada
85 g de castanhas de caju
2 ovos batidos
6 cebolinhas em fatias picadas grosseiramente

COMBINA COM
Pato pueblano com amêndoas (p. 82)
Curry de cordeiro do Templo Dourado (p. 98)
Cherne apimentado do Sri Lanka (p. 117)

1 Coloque o arroz numa panela grande, cubra com água fria, misture e deixe descansar por 5 minutos. Lave o arroz num escorredor com água corrente, até que a água saia clara. Isso retira o amido, garantindo um arroz bem soltinho.

2 Recoloque o arroz lavado na panela em fogo médio. Junte a canela, os cravos, o cardamomo, a cúrcuma, o sal e 600 ml de água quente e misture bem. Deixe ferver, tampe, diminua o fogo e cozinhe por 10-15 minutos, até que toda a água tenha sido absorvida e o arroz esteja quase cozido mas ainda *al dente*. Tire do fogo e destampe. Cubra com um pano de prato limpo, tampe de novo e deixe descansar no vapor por 5-10 minutos.

3 Enquanto isso, derreta a manteiga numa wok grande em fogo médio. Depois de derretida e quente, acrescente a cenoura e a pimenta vermelha e refogue por 5-6 minutos, até que a cenoura esteja macia. Junte as castanhas de caju e refogue por 1 minuto, despeje os ovos por cima e refogue por mais 2-3 minutos, até que estejam bem cozidos.

4 Adicione o arroz cozido e as cebolinhas na wok e misture bem, afofando o arroz ao mesmo tempo. Sirva imediatamente.

Cravo-da-índia

Lembro-me dos cravos-da-índia espetados em tenders e cebolas, espalhando um aroma forte pela cozinha na época de Natal, quando era mais jovem. Associava-os a um estilo antigo de cozinhar que não me interessava. Conforme fui aprendendo mais sobre a comida indiana, desenvolvi uma nova percepção dessa maravilhosa especiaria – seja em pó misturada ao garam masala, seja mergulhada no azeite quente com outras especiarias inteiras, como a canela, as folhas de louro e a pimenta-do-reino. De repente, notei quão surpreendente era esse pequeno tempero e, à medida que percorria o mundo cozinhando, compreendi todo o seu potencial: pode ser usado nos curries e no arroz na Malásia e na Indonésia, nos molhos mexicanos de cozimento lento e até nas perfumadas misturas de temperos marroquinos.

Que história! O cravo-da-índia estava entre as especiarias comercializadas nos séculos XVI e XVII e era apreciado pela Companhia de Comércio das Índias Orientais e mais valorizado que o ouro. Os holandeses descobriram o caminho para as ilhas Molucas da Indonésia e passaram a controlar o comércio do cravo-da-índia. Para garantir sua escassa produção, queimaram indiscriminadamente árvores de cravo-da-índia que cresciam em outras ilhas, o que provocou grandes perdas para os habitantes nativos. Todavia, em 1755, Peter Poive, um francês destemido, conseguiu contrabandear uma das mudas dos holandeses e plantou sua safra ilegal nas ilhas Maurício, abrindo o comércio para sempre.

O cravo-da-índia é a flor imatura de uma árvore. As belas florzinhas são colhidas quando ainda estão duras e secas, até ganharem a cor de madeira que conhecemos. Têm sabor acentuado e podem sobrecarregar um prato se usadas em excesso. Mas, usado corretamente, tanto em pratos doces como salgados, o cravo-da-índia adiciona sabor e aroma amadeirados, quase como o chocolate amargo. Inteiros, funcionam melhor em pratos em que podem ser facilmente removidos após terem deixado seu sabor.

A especiaria inteira dura 1 ano em recipiente seco, hermeticamente fechado e protegido da luz. Como é difícil de moer, é preferível manter um pouco de cravo moído à mão, para juntar a pós de curry, temperos ou sobremesas. Em pó, o sabor permanece quase tão pungente, mas dura apenas cerca de 6 meses, portanto é melhor comprá-lo em pequenas quantidades, se estiver moído.

Nasi Goreng **Arroz frito indonésio**

O Nasi Goreng é um prato de arroz clássico em toda a Indonésia e comum também na Malásia e em Cingapura. Geralmente, é servido com um ovo frito por cima – a melhor parte é estourar a gema sobre o arroz! Esta receita necessita de pasta de camarão, que é um ingrediente comum na culinária do Sudeste Asiático. A pasta em si tem um cheiro horroroso, porém uma pequena quantidade dela adicionada durante o cozimento confere ao prato um sabor intenso incrível. Se não conseguir adquirir pasta de camarão, substitua por 1 colher (sopa) de molho de peixe.

4 PORÇÕES
3 colheres (sopa) de óleo vegetal
1 cebola picada
800 g de arroz cozido frio
3 colheres (sopa) de shoyu
4 ovos

PASTA DE ESPECIARIAS
¼ de colher (chá) de pasta de camarão
1 pimentão vermelho sem sementes picado grosseiramente
3 dentes de alho
1 pimenta vermelha sem sementes picada grosseiramente
uma pitada de açúcar
1 colher (chá) de garam masala

COMBINA COM
Frango crocante de Rosamma com pimenta (p. 80)

1 Para fazer a pasta de especiarias, coloque todos os ingredientes no miniprocessador e bata até dissolver.
2 Aqueça uma wok em fogo alto e junte 2 colheres (sopa) do óleo. Quando estiver fumegando, acrescente a cebola e refogue por 3-4 minutos, até dourar. Adicione a pasta de especiarias e refogue até liberar o aroma; junte o arroz cozido e o shoyu e refogue por 4-5 minutos, mexendo sem parar, até que o arroz esteja quente.
3 Enquanto isso, aqueça 1 colher (sopa) do óleo restante numa frigideirinha em fogo médio e frite os ovos, jogando cuidadosamente o óleo quente com uma colher sobre eles, para assegurar que a clara fique bem cozida e a gema, ainda mole.
4 Divida o arroz entre quatro pratos, coloque os ovos fritos por cima e sirva imediatamente.

Arroz com tomate e coco

1 Coloque o arroz numa panela grande, cubra com água fria, mexa e deixe descansar por 5 minutos. Jogue o arroz num escorredor e lave em água corrente, até que a água saia clara. Isso tira o amido e garante um arroz soltinho.

2 Recoloque o arroz na panela em fogo médio. Acrescente o leite de coco, a canela, o anis-estrelado, o cardamomo, os cravos-da-índia, os tomates e 400 ml de água quente. Deixe ferver, diminua o fogo e cozinhe por 10-15 minutos, até que o líquido seja absorvido e o arroz esteja cozido mas ainda *al dente*. Tire do fogo e destampe a panela. Cubra com um pano de prato limpo, tampe de novo e deixe no vapor por 5-10 minutos.

3 Enquanto isso, aqueça o óleo numa frigideira em fogo médio e frite as echalotas por 5-8 minutos, até ficarem douradas e crocantes. Tire do óleo com a escumadeira e coloque sobre papel-toalha.

4 Tempere o arroz cozido com sal, afofando-o com um garfo ao mesmo tempo. Espalhe as echalotas fritas por cima e sirva imediatamente.

4 PORÇÕES
350 g de arroz basmati
200 ml de leite de coco
2,5 cm de canela em pau
1 anis-estrelado
2 bagas de cardamomo
4 cravos-da-índia
2 tomates graúdos picadinhos
2 colheres (sopa) de óleo vegetal
5 echalotas (ou cebolas redondinhas) em fatias finas
sal marinho

COMBINA COM
Salada de romã, erva-doce, laranja e agrião (p. 22)
Kebabs siques indianos (p. 105)
Curry malaio de pitu com especiarias (p. 138)

Arroz libanês com cordeiro e berinjela

4 PORÇÕES

4 colheres (sopa) de azeite, mais um pouco para pincelar
1 berinjela graúda fatiada no comprimento em tiras finas
100 g de pinholes
300 g de carne de cordeiro moída
1 cebola picadinha
2 dentes de alho picados
2 tomates graúdos picados
5 cm de canela em pau
¼ de colher (chá) de pimenta-da--jamaica em pó
350 g de arroz basmati
sal marinho e pimenta-do-reino moída na hora

COMBINA COM

Kebabs Ciya Shish (p. 94)
Perna de cordeiro libanesa com purê de lentilhas picante (p. 97)
Salada Al Pastor de carne suína e abacaxi (p. 110)

1 Pincele um pouco de azeite dos dois lados das fatias de berinjela. Aqueça uma chapa estriada em fogo alto e, quando fumegar, coloque as berinjelas. Grelhe por 2-3 minutos de cada lado, até amaciarem e ficarem marcadas. Reserve.

2 Aqueça uma frigideira em fogo médio. Junte os pinholes e torre-os delicadamente por 2-3 minutos, sacudindo a panela de vez em quando, até que os pinholes estejam dourado-amarronzados. Transfira para uma travessa e reserve.

3 Aqueça 2 colheres (sopa) do azeite numa frigideira grande em fogo médio, junte o cordeiro, a cebola e o alho. Frite por 10-12 minutos, mexendo de vez em quando, até o cordeiro começar a dourar. Junte os tomates, a canela e a pimenta-da-jamaica, tempere com uma boa pitada de sal e pimenta-do-reino e cozinhe por mais 5-6 minutos, até os tomates começarem a desmanchar.

4 Coloque o arroz numa tigela grande, cubra com água fria, misture e deixe descansar por 5 minutos em imersão. Ponha o arroz num escorredor e lave em água corrente, até que a água saia clara. Isso retira o amido e garante um arroz soltinho.

5 Despeje o arroz numa frigideira em fogo médio. Junte o cordeiro apimentado e misture 600 ml de água fervente. Deixe ferver, tampe, diminua o fogo e cozinhe por 10-15 minutos, até que toda a água seja absorvida e o arroz esteja quase cozido mas ainda *al dente*. Espalhe metade dos pinholes torrados por cima e misture tudo com um garfo, afofando o arroz ao mesmo tempo.

6 Preaqueça o forno a 180°C. Borrife o fundo de um prato refratário com um pouco de azeite. Disponha metade das berinjelas grelhadas no fundo, espalhe toda a mistura de arroz e cordeiro por cima e disponha a outra metade das berinjelas por cima do arroz. Espalhe os pinholes torrados restantes por cima e um pouco mais de azeite. Cubra com papel-alumínio e asse por 10 minutos. Sirva imediatamente.

Macarrão de Sichuan com cordeiro e amendoim

4 PORÇÕES

250 g de macarrão com ovos
4 colheres (sopa) de óleo vegetal
50 g de amendoins sem sal
½ colher (chá) de pimenta em flocos
1 colher (chá) de pimenta-chinesa em grãos
2 dentes de alho picadinhos
2,5 cm de gengibre sem casca picado
200 g de filé de cordeiro em fatias finas
1 alho-poró em fatias finas cortadas no comprimento
1 colher (sopa) de molho de ostra
2 colheres (sopa) de shoyu light

COMBINA COM

Sopa chinesa de carne suína com bolinhos (p. 15)
Bananas caramelizadas do Camboja com gengibre e sorvete de baunilha (p. 212)

1 Cozinhe o macarrão de acordo com as instruções da embalagem. Escorra e regue com 2 colheres (sopa) do óleo para não grudar; reserve.

2 Aqueça uma wok em fogo alto e junte o óleo restante. Quando fumegar, adicione os amendoins, a pimenta em flocos, a pimenta-chinesa em grãos, o alho e o gengibre. Refogue até liberar o aroma e acrescente o cordeiro e o alho-poró. Refogue por 3-4 minutos, até que tudo fique dourado-amarronzado e o cordeiro esteja tenro mas ainda um pouco rosado no centro.

3 Use uma faca para cortar o macarrão algumas vezes, o que ajudará a misturá-lo com os outros ingredientes. Adicione-o à wok. Despeje o molho de ostra por cima e o shoyu e misture bem, até que o macarrão esteja completamente revestido e aquecido. Sirva imediatamente.

Macarrão com carne bovina e pitu

Esta é minha versão do macarrão de Cingapura. Em vez do curry em pó, uso uma mistura de garam masala, cúrcuma e pimenta vermelha fresca que oferece o sabor, a cor amarela e o calor vital do curry. Também dei um toque americano à receita, misturando carne suína e frutos do mar, no lugar da tradicional carne de porco grelhada, que é um pouco doce. As especiarias combinam bem e o shoyu acentua os seus sabores.

4 PORÇÕES

250 g de macarrão de arroz
4 colheres (sopa) de óleo vegetal
½ cebola em fatias finas
100 g de filé-mignon em fatias finas
150 g de pitus limpos e sem casca
½ pimentão verde sem sementes picado
6 cebolinhas fatiadas grosseiramente
½ pimenta vermelha sem sementes em fatias finas
1 colher (chá) de garam masala
½ colher (chá) de cúrcuma
2 colheres (sopa) de shoyu

1. Cozinhe o macarrão de acordo com as instruções da embalagem. Escorra e regue com 2 colheres (sopa) de óleo para a massa não grudar; reserve.
2. Aqueça uma wok grande em fogo alto e junte o óleo restante. Quando o óleo começar a fumegar, adicione a cebola e refogue por 1 minuto. Acrescente a carne e os pitus e refogue por mais 1 minuto, até os pitus começarem a ficar róseos. Junte o pimentão verde, as cebolinhas e a pimenta vermelha e mexa por mais 1 minuto, até que os pitus estejam completamente cor-de-rosa e cozidos.
3. Use uma faca para cortar o macarrão, o que ajuda a misturá-lo com os outros ingredientes, e coloque-o na wok. Adicione o garam masala, a cúrcuma e o shoyu e refogue por 2-3 minutos, até que tudo esteja bem misturado e aquecido. Sirva imediatamente.

COMBINA COM

Costelas Guyi com cominho, pimenta e shoyu (p. 112)
Peixe-espada com coentro cremoso e raita de cebola roxa (p. 123)

Char Kueh Toew

Macarrão de arroz frito com pitus e ovos

1 Cozinhe o macarrão de acordo com as instruções da embalagem. Escorra, regue com 2 colheres (sopa) de óleo para a massa não grudar e reserve.

2 Coloque a pimenta vermelha e o alho no miniprocessador e bata até obter uma pasta espessa. Aqueça a wok em fogo alto e junte as 2 colheres (sopa) de óleo restantes. Quando o óleo estiver fumegando, acrescente a pasta de pimenta e frite por 5 segundos, até liberar o aroma. Adicione os pitus, as cebolinhas e o açúcar e refogue por 2-3 minutos, até que os pitus fiquem rosados e totalmente cozidos.

3 Corte o macarrão e adicione-o à wok. Despeje o molho de ostra e o shoyu por cima e misture bem, até que o macarrão esteja completamente revestido e quente.

4 Abra um espaço na panela empurrando o macarrão para um lado. Despeje os ovos batidos no espaço criado e frite. Misture os ovos com o macarrão e sirva imediatamente.

4 PORÇÕES
250 g de macarrão de arroz
4 colheres (sopa) de óleo vegetal
1 pimenta vermelha sem sementes picada grosseiramente
2 dentes de alho
250 g de pitus limpos descascados
6 cebolinhas em fatias finas
uma pitada de açúcar
2 colheres (sopa) de molho de ostra
1 colher (sopa) de shoyu
2 ovos batidos

COMBINA COM
Frango Gung Bao (p. 60)
Carne refogada com pimenta-do-reino e manjericão (p. 89)
Curry de pitu de Alleppy (p. 136)

CAPÍTULO 7

Sobremesas e bebidas

As especiarias não combinam apenas com pratos salgados – podem ser usadas para fazer as sobremesas e bebidas mais surpreendentes. Neste capítulo, vou mostrar como ferver alguns temperos complementares para um xarope de açúcar, por exemplo, dando um ótimo sabor a pudins ou drinques. Basta apenas um pouco de canela para fazer os Pêssegos mexicanos com canela, e a mesma especiaria doce, combinada com um pouco de anis-estrelado e pimenta--malagueta, cria o picante xarope de açúcar para a Salada de frutas tropicais. O chocolate e as especiarias são velhos amigos, e a adição de alguns dos meus temperos favoritos ressalta o sabor do chocolate e cria um aroma que fará as pessoas baterem à sua porta atraídas pelo perfume dos Brownies de chocolate amargo com cravo e canela.

As especiarias corretas numa bebida provocam uma explosão de sabores. A pimenta fresca é a única especiaria necessária para incrementar o Martíni de maracujá com pimenta – uma bebida para adultos que todos irão aprovar.

À ESQUERDA: Bolo libanês de limão e baunilha (p. 198)

Brownies de chocolate amargo com cravo e canela

16 UNIDADES

250 g de manteiga, mais um pouco para untar
300 g de chocolate (com 70-80% de cacau), mais um pouco para finalizar
125 g de açúcar comum
125 g de açúcar mascavo claro
3 ovos e 1 gema batidos
100 g de nozes-pecãs moídas
60 g de farinha de trigo
1 colher (chá) de fermento em pó
1 colher (chá) de sal marinho
60 g de cacau em pó, mais um pouco para finalizar
¼ de colher (chá) de cravos-da-índia em pó
½ colher (chá) de canela em pó, mais um pouco para finalizar

COMBINA COM

Salada de macarrão de arroz com pitu e capim-limão (p. 46)
Frango à mexicana com iogurte e amêndoas (p. 75)
Guisado persa de cordeiro com açafrão e mel (p. 101)

1 Preaqueça o forno a 280°C. Unte o fundo e as laterais de uma assadeira quadrada de 23 cm de lado e forre com papel vegetal.
2 Parta o chocolate em pedaços e derreta numa tigela refratária colocada sobre uma panela com água fervente. Não deixe o fundo da tigela tocar na água. Depois que derreter completamente, deixe esfriar um pouco.
3 Coloque a manteiga, o açúcar comum e o mascavo no processador e bata em velocidade alta por cerca de 5 minutos, até formar uma pasta cremosa.
4 Aos poucos, junte os ovos à mistura de manteiga e açúcar e bata em velocidade baixa até que tudo esteja incorporado. Depois bata em velocidade alta por 30 segundos e transfira a mistura para uma tigela grande.
5 Mexa o chocolate derretido lentamente, junte as nozes e peneire nele a farinha, o fermento, o sal, o cacau em pó, os cravos e a canela. Misture tudo com uma colher grande de metal e transfira para a assadeira preparada. Alise a superfície com uma espátula e asse por 20-30 minutos, até ficar mole e grudento no meio e apenas crocante na superfície e nas laterais. Para verificar se o brownie está pronto, enfie um palito no centro, empurrando até o fundo. Ele deverá sair com um pouco da massa grudada, mas sem recobrir o palito inteiramente. Se o palito estiver completamente recoberto, recoloque o brownie no forno e prove a cada 3 minutos, até assar.
6 Tire do forno e deixe esfriar por 30 minutos na assadeira. Vire o bolo da assadeira sobre uma tábua de cortar, retire o papel vegetal e corte em quadrados. Sirva quente, morno ou frio, polvilhando cacau em pó e canela a gosto.

Bolo libanês de limão e baunilha

8-10 PORÇÕES
5 limões sicilianos
300 g de açúcar
200 g de manteiga sem sal
1 fava de baunilha
3 ovos
150 g de farinha de trigo
creme de leite fresco para acompanhar

COMBINA COM
Salada de hadoque grelhado, maçã e coentro com molho de capim-limão (p. 43)
Salada de romã, erva-doce, laranja e agrião (p. 22)
Lula refogada com pimenta e coentro (p. 145)

1 Preaqueça o forno a 180°C. Corte 3 limões em fatias finas e retire os caroços. Rale um dos 2 limões restantes e, em seguida, esprema o suco dos dois.

2 Aqueça uma frigideira grande de fundo grosso em fogo médio e espalhe 125 g de açúcar sobre o fundo numa camada homogênea. Depois de alguns instantes, as bordas do açúcar começarão a derreter; então sacuda a panela e deixe metade do açúcar derreter. Misture o açúcar com uma colher de pau até ficar completamente caramelizado e claro. Com cuidado, despeje o caramelo numa fôrma de bolo de 20 cm de lado, cobrindo o fundo completamente. Disponha as fatias de limão por cima do caramelo, começando em volta das bordas e trabalhando em direção ao centro.

3 Derreta a manteiga numa panelinha em fogo baixo e deixe esfriar um pouco.

4 Com uma faca afiada, abra a fava de baunilha ao meio e raspe as sementes para fora. Coloque-as no processador com os ovos e o açúcar restante. Bata por 10-12 minutos em velocidade alta, até a mistura dobrar de volume e ficar bem clara. Transfira para uma tigela grande e agregue a manteiga derretida, as raspas e o suco de limão, misturando com uma colher de metal. Peneire a farinha em pequenas levas, misturando-a enquanto isso. Quando a mistura estiver completamente dissolvida e homogênea, despeje-a na fôrma de bolo sobre os limões.

5 Asse no forno preaquecido por 30 minutos, até que o bolo tenha crescido e esteja macio o suficiente para marcar uma impressão digital deixada na superfície. Ao inserir um palito no centro do bolo, ele deve sair limpo.

6 Tire do forno, coloque uma travessa por cima e vire. Dê algumas batidas no fundo da fôrma e em seguida levante-a delicadamente; o bolo estará pronto. Deixe esfriar no mínimo por 1 hora e sirva com o creme de leite.

Caçarolas de molho de gengibre no vapor

Estes pudins cremosos são reavivados pela adição de apenas uma especiaria: o gengibre fresco picante, e esta sobremesa se torna um prato realmente sofisticado. Ele é bastante leve e limpa muito bem o paladar depois de uma refeição condimentada.

1 Coloque o leite e o açúcar numa tigela e bata até o açúcar dissolver; despeje os ovos e bata de novo para misturar. Rale o gengibre sobre a tigela, descartando as partes fibrosas, e bata novamente, até que todos os ingredientes estejam bem incorporados.

2 Peneire a mistura numa jarra, em seguida despeje-a em ramequins de 150 ml. Cubra cada ramequim com filme de PVC.

3 Ponha uma panela com água para ferver e coloque um escorredor por cima, assegurando-se de que a água não toque nele. Diminua o fogo e deixe os ramequins no vapor por cerca de 10-12 minutos, até que as superfícies comecem a firmar. Se começarem a aparecer bolhas, diminua o fogo. Depois que a mistura estiver cozida, retire o filme de PVC e sirva imediatamente.

4 PORÇÕES

250 ml de leite
2 colheres (sopa) de açúcar
2 ovos batidos
2,5 cm de gengibre sem casca

COMBINA COM

Perna de cordeiro libanesa com purê de lentilhas picante (p. 97)
Costelas Guyi com cominho, pimenta e shoyu (p. 112)
Ceviche de perca-do-mar (p. 125)

Cheesecake de manga, laranja e noz-moscada

O cheesecake é uma sobremesa deliciosa, mas pode ser complicado de fazer. Esta versão é muito simples e seus principais sabores são os de manga e laranja, complementados com muita noz-moscada moída na hora. Como especiaria, a noz-moscada funciona surpreendentemente bem com qualquer coisa cremosa, por isso fica excepcional no cheesecake, além de realçar a doçura da manga.

1 Unte as laterais e o fundo de uma fôrma de bolo de fundo removível de 20 x 10 cm de altura e forre com papel-manteiga. Coloque os biscoitos de maisena no processador e bata até obter uma farofa fina. Despeje a farofa numa panela e lave a tigela do processador.

2 Junte a manteiga e o açúcar à farofa, coloque em fogo médio e misture até a manteiga e o açúcar derreterem completamente. Despeje a mistura na fôrma preparada e empurre para baixo, com uma colher, para formar uma camada homogênea na base. Deixe gelar por 30 minutos.

3 Enquanto isso, coloque a manga e o suco de laranja no processador e bata até obter um purê. Coe o purê e divida a mistura ao meio. Cubra uma parte e gele para servir com o cheesecake quando estiver pronto e despeje a outra parte na tigela do processador.

4 Junte o cream cheese, o açúcar de confeiteiro e a noz-moscada ao purê de manga e laranja na tigela do processador e bata até dissolver.

5 Despeje a mistura de cream cheese e manga sobre a base de biscoito na fôrma de bolo e deixe na geladeira por 8 horas ou a noite toda. Quando estiver pronto para servir, desenforme o cheesecake e deslize o bolo lentamente para uma travessa. Polvilhe a noz-moscada sobre o purê de manga e laranja restante e sirva.

8-10 PORÇÕES

100 g de manteiga, mais um pouco para untar
200 g de biscoitos de maisena
1 colher (sopa) de açúcar
1 manga graúda cortada em pedaços grandes
50 ml de suco de laranja
900 g de cream cheese
100 g de açúcar de confeiteiro
¼ de noz-moscada ralada, mais um pouco para polvilhar

COMBINA COM

Frango grelhado com coentro e hortelã (p. 64)
Costeletas de cordeiro com zaatar (p. 104)
Merluza no vapor envolta em folha de bananeira (p. 126)

Syllabub de baunilha e mel

Os syllabubs são sobremesas britânicas muito antigas que remontam aos Tudors. Tradicionalmente, eram uma mistura de creme de leite e vinho servida em festas à fantasia. Modernizei minha versão com baunilha e usei um pouco de iogurte para mantê-la bem leve. O mel e o limão dão água na boca, enquanto os pistaches fornecem a quantidade correta de cor e crocância – definitivamente, uma sobremesa admirável!

4 PORÇÕES

300 ml de creme de leite
3 colheres (sopa) de mel, mais um pouco para acompanhar (opcional)
suco de 2 limões-sicilianos
raspas de 1 limão-siciliano
100 ml de iogurte
1 fava de baunilha
80 g de pistaches sem sal e sem casca picados grosseiramente

COMBINA COM

Frango vietnamita com pimenta e capim-limão (p. 56)
Costeletas de cordeiro ao molho picante de manga (p. 102)
Vermelho grelhado com salsa verde mexicana e salada de milho (p. 131)

1 Despeje o creme de leite numa tigela grande e bata em ponto firme com uma batedeira elétrica manual.
2 Numa tigelinha à parte, bata o mel e o suco de limão, até misturá-los bem. Junte as raspas de limão e o iogurte e mexa bem.
3 Com uma faca afiada, abra a fava de baunilha ao meio, raspe as sementes sobre a mistura de iogurte e misture até incorporá-las.
4 Envolva o iogurte no creme de leite com uma colher de metal, divida a mistura entre quatro copos ou tigelas e leve à geladeira por, no mínimo, 30 minutos. Sirva regado com mel, se gostar, e com pistaches espalhados por cima.

Kulfi com cardamomo e pistaches

4 PORÇÕES
400 ml de leite evaporado
1 colher (sopa) de maisena
60 g de açúcar
3 bagas de cardamomo
20 g de pistaches sem sal fatiados, mais um pouco para finalizar
100 ml de creme de leite

1 Despeje o leite evaporado numa panela e deixe ferver em fogo médio. Junte a maisena e o açúcar, diminua o fogo e bata sem parar, até dissolver. Continue a aquecer por 5 minutos, mexendo de vez em quando, até a mistura engrossar ligeiramente.

2 Enquanto isso, abra as bagas de cardamomo, pressionando-as com o dorso de uma faca. Raspe as sementes, amasse com o cabo da faca e pique em pedaços finos. Adicione as sementes à mistura de leite evaporado, juntamente com os pistaches e o creme de leite, e misture bem.

3 Transfira a mistura para um recipiente pequeno de plástico. Tampe e leve ao congelador por 6 horas ou deixe a noite toda. Tire do congelador cerca de 20 minutos antes de servir, para que o kulfi possa amolecer um pouco. Ou, então, coloque-o em quatro fôrmas forradas com filme de PVC.

COMBINA COM
Kebabs Ciya Shish (p. 94)
Vieiras com pimenta e manjericão (p. 146)
Chana Masala (Grão-de-bico indiano) (p. 164)

Pêssegos mexicanos com canela

4 PORÇÕES

180 g de açúcar
7,5 cm de canela em pau
4 pêssegos maduros
suco de 1 limão-siciliano
sorvete de baunilha para acompanhar (opcional) (p. 212)

COMBINA COM

Pato com curry vermelho tailandês (p. 81)
Bifes ao molho de pimenta-do-reino (p. 88)
Espetos de cordeiro grelhado com salada de trigo-sarraceno (p. 106)

1 Coloque o açúcar e a canela numa panela grande com 500 ml de água. Ferva em fogo médio, até dissolver todo o açúcar. Diminua o fogo e cozinhe por 10 minutos.

2 Junte os pêssegos, tampe e cozinhe por 5 minutos, virando de vez em quando, até começarem a amaciar. Tire os pêssegos e reserve por cerca de 10 minutos. Quando estiverem suficientemente frios para manusear, descasque e coloque as cascas de volta no xarope, junto com o suco de limão. As cascas da fruta trarão uma linda cor rósea. Cozinhe por 5 minutos, tire a canela e cozinhe por mais 13-15 minutos, até o xarope reduzir e ficar bem denso.

3 Corte os pêssegos ao meio e separe a polpa do caroço com as mãos, partindo-os em metades irregulares. Isso dará um aspecto rústico ao prato. Despeje o xarope perfumado por cima e sirva imediatamente com sorvete de baunilha, se quiser.

Canela

Esta especiaria é maravilhosa. Tem cheiro de Natal e combina perfeitamente com pratos doces e salgados, por isso não é de surpreender que a procura por ela exista há milhares de anos. Os antigos egípcios usavam essa especiaria, que, na época, era mais cara que ouro, como agente embalsamador, perfume, ingrediente de cozinha e remédio. Também foi muito apreciada durante a Antiguidade, sendo que o seu comércio era estritamente controlado por mercadores árabes. Segundo Heródoto, a canela veio da Arábia, onde era coletada por pássaros gigantes de uma estranha ilha, que usavam as árvores de canela para construir seus ninhos. A fim de retirar a especiaria das árvores, os mercadores árabes ofereciam gado como alimento aos pássaros. Os enormes pássaros se precipitavam sobre os bois e os carregavam até os ninhos. O peso adicional fazia a canela cair e, assim, os corajosos comerciantes podiam colher as preciosas cascas.

Bem, pelo que sabemos, não ha pássaros gigantes envolvidos na produção da canela. Na verdade, a canela é a casca interna de uma árvore do Sri Lanka. A casca externa é removida e a interna é raspada e seca. A melhor canela, apreciada por seu sabor doce e suas cascas finas, é ainda a derivada do Sri Lanka.

Essa especiaria é encontrada em pau e em pó. É muito difícil moê-la em casa, por isso recomendo ter os dois tipos sempre à mão. A canela é algo bem acessível, o que é ótimo. Todavia, se não conseguir encontrá-la ou se estiver há mais de um ano escondida no armário, jogue-a fora e adquira um pouco mais, para que você possa apreciar o verdadeiro sabor desse ingrediente tão incrível. Se for mantida em recipiente seco, hermético e protegido da luz, a canela em pó durará cerca de 6 meses e a em pau, cerca de 1 ano.

Salada de frutas tropicais com molho de pimenta, anis-estrelado, canela e limão

4 PORÇÕES

90 g de açúcar
5 cm de canela em pau
2 anises-estrelados
¼ de colher (chá) de pimenta em flocos
suco de 2 limões
sementes e polpa de 3 maracujás
1 manga descascada picada grosseiramente
½ abacaxi descascado picado grosseiramente
1 papaia descascada sem sementes picada grosseiramente
iogurte natural para acompanhar

COMBINA COM

Salada de lula e linguiça (p. 45)
Salada de cherne grelhado ao molho de pimentão, alho e pimenta (p. 50)
Frango ao molho de sementes de mostarda e macadâmia (p. 73)

1 Coloque o açúcar, a canela, o anis-estrelado e a pimenta em flocos numa panela grande com 250 ml de água e deixe ferver em fogo alto. Mexa sem parar por 1 minuto, até dissolver todo o açúcar. Diminua o fogo para médio e cozinhe por 10 minutos, sacudindo a panela de vez em quando, até que o líquido se reduza a um xarope ralo. Transfira o xarope para uma tigela e deixe esfriar. Tire a canela para que seu sabor não sobrecarregue o molho, mas reserve para decoração.

2 Quando o xarope estiver frio, despeje o suco de limão e o maracujá e misture bem. Junte a manga, o abacaxi e a papaia e mexa para que os sabores picantes e agridoces do molho revistam as frutas.

3 Sirva em temperatura ambiente ou gelado, com uma quantidade generosa de iogurte e o anis-estrelado e a canela espalhados por cima.

Bananas caramelizadas do Camboja com gengibre e sorvete de baunilha

4 PORÇÕES
150 g de açúcar
4 bananas cortadas ao meio no comprimento
2,5 cm de gengibre sem casca cortado em fatias finas

SORVETE DE BAUNILHA
1 fava de baunilha
300 ml de creme de leite light
4 gemas
100 g de açúcar
300 ml de creme de leite fresco

COMBINA COM
Salada vietnamita de pitu, pepino e hortelã (p. 47)
Pato pueblano com amêndoas (p. 82)
Bifes ao molho de pimenta-do-reino (p. 88)

1 Para fazer as bananas caramelizadas, coloque o açúcar e 6 colheres (sopa) de água numa panela rasa em fogo médio. Derreta o açúcar, sacudindo a panela de vez em quando, até que apareçam bolhas e a mistura adquira consistência de xarope e cor de caramelo.
2 Acrescente as bananas, sacuda a panela e cozinhe por 1 minuto. Tire do fogo, espalhe o gengibre por cima e, com uma colher, espalhe cuidadosamente a calda sobre as bananas. Deixe por 2-3 minutos para que a calda fique bem pegajosa e pegue gosto.
3 Divida as bananas entre 4 pratos e sirva imediatamente com algumas conchas de sorvete de baunilha e a calda caramelizada restante regada por cima. Se a calda começar a endurecer, aqueça-a em fogo baixo por 2 minutos, até retornar ao ponto.

SORVETE DE BAUNILHA

1 Para fazer o sorvete, raspe as sementes da fava de baunilha e junte tanto as sementes quanto a fava numa panela com o creme de leite light. Misture bem e deixe ferver em fogo médio. Tire a panela do fogo e reserve por 15 minutos para permitir que o sabor da baunilha penetre no creme.
2 Enquanto isso, coloque as gemas e o açúcar numa tigela grande e bata até ficarem claras e fofas. Reserve.
3 Despeje o creme de leite fresco numa tigela, bata em ponto firme e reserve.
4 Jogue a mistura de ovos no creme de baunilha e misture tudo muito bem. Reaqueça em fogo baixo por 6-8 minutos, mexendo sem parar, até ficar suficientemente espesso para aderir à colher. Cuidadosamente, retire a fava de baunilha e adicione o creme de leite fresco batido. Reserve até esfriar completamente.
5 Transfira a mistura para um recipiente plástico, tampe e congele por 1 hora; em seguida, com um garfo, bata o sorvete para mantê-lo bem leve. Bata novamente após 2 horas e leve ao congelador para firmar novamente, o que levará cerca de 3-4 horas. Assegure-se de retirar o sorvete do congelador cerca de 10 minutos antes de servi-lo, para amaciá-lo.

Chocolate maia picante

O chocolate é um ingrediente muito antigo. É feito de frutos do cacaueiro, árvore nativa da América Central. Mais de 2 mil anos atrás, os antigos maias misturavam frutos de cacau, pimenta e milho com água para fazer uma bebida forte. Quando os espanhóis invadiram a América, no século XIV, levaram a bebida para casa e a adaptaram, substituindo a pimenta apreciada pelos maias por açúcar, baunilha e canela. Por volta do século XVII, o chocolate era considerado um item de luxo, e a bebida virou febre em toda a Europa – os ricos visitavam as elegantes casas de chocolate para apreciar a bebida com estilo.

Sendo um pouco purista e louco por pimenta, na minha receita juntei o tradicional sabor doce do chocolate com o picante da pimenta. A pimenta e o chocolate funcionam muito bem juntos, e a adição de canela e mel torna a bebida realmente viciante. Bebê-la é uma experiência tão plena que você só precisa de uma pequena quantidade por pessoa.

1. Coloque o leite, o creme de leite light, a canela e a pimenta em flocos numa panela em fogo baixo. Deixe por 15-20 minutos, até a mistura começar a levantar fervura – quando aparecerem bolhas minúsculas nas bordas da panela.
2. Enquanto isso, quebre o chocolate em pedaços e derreta numa tigela refratária sobre uma panela com água. Assegure-se de que o fundo da tigela não toque na água.
3. Despeje o chocolate derretido na mistura de leite picante e junte o mel. Misture delicadamente, até que a bebida fique brilhante, macia e muito quente. Sirva imediatamente.

4 PORÇÕES

250 ml de leite
250 ml de creme de leite light
¼ de colher (chá) de canela em pó
uma pitada de pimenta em flocos
80 g de chocolate amargo (70-80% de cacau)
3 colheres (sopa) de mel

COMBINA COM

Pato pueblano com amêndoas (p. 82)
Guisado persa de cordeiro com açafrão e mel (p. 101)

Martíni de maracujá com pimenta

Este é meu martíni favorito. Gosto do sabor agridoce do maracujá contrastando com o picante da pimenta. Ainda assim, advirto que esta é uma bebida muito viciante, por isso vale a pena fazer bastante xarope de açúcar antes!

4 PORÇÕES
500 g de açúcar
8 maracujás
200 ml de vodca gelada
1 pimenta vermelha sem sementes fatiada grosseiramente, mais um pouco para servir

COMBINA COM
Frango refogado com tamarindo e capim-limão (p. 59)
Carne refogada com pimenta-do-reino e manjericão (p. 89)
Peixe-espada com coentro cremoso e raita de cebola roxa (p. 123)

1 Para fazer o xarope de açúcar, coloque o açúcar numa panelinha com 250 ml de água. Ferva a água lentamente em fogo médio até o açúcar dissolver; deixe esfriar.
2 Raspe as sementes e a polpa de 6 maracujás numa peneira sobre uma tigela. Misture e aperte o maracujá com uma colher, até que todo o suco seja coletado.
3 Despeje o suco de maracujá numa coqueteleira, junte a vodca, a pimenta vermelha, o xarope de açúcar e um punhado de cubos de gelo. Sacuda bem e distribua em quatro copos gelados de martíni. Lave e corte ao meio os 2 maracujás restantes, coloque ½ maracujá em cada copo, junte algumas tiras de pimenta e sirva.

Margarita on the rocks com borda de pimenta

1 Coloque a tequila, o licor, o suco de limão e o açúcar numa coqueteleira com cubos de gelo e agite bem.

2 Coloque o sal e a pimenta em pó num moedor de pimenta, triture bem até virar um pó fino e transfira para uma travessa. Umedeça as bordas de 4 copos de margarita com uma fatia de limão, então mergulhe os copos no sal com pimenta.

3 Coloque um punhado de gelo em cada copo de margarita e coe o líquido por cima. Adicione uma tira retorcida de casca de limão a cada copo e sirva imediatamente.

4 PORÇÕES

250 ml de tequila
160 ml de licor de laranja
suco de 2 limões mais uma fatia
4 colheres (chá) de açúcar
tiras de casca de limão para enfeitar

BORDA DE PIMENTA

2 colheres (sopa) de sal marinho refinado
2 colheres (chá) de pimenta em pó

COMBINA COM

Salada vietnamita de pitu, pepino e hortelã (p. 47)
Salada Al Pastor de carne suína e abacaxi (p. 110)
Macarrão de Sichuan com cordeiro e amendoim (p. 190)

Coquetel de rum, capim-limão e gengibre

4 PORÇÕES
4 talos de capim-limão
250 g de açúcar
1 cm de gengibre sem casca
100 ml de rum claro
suco de 2 limões
água tônica para completar

COMBINA COM
Salada de romã, erva-doce, laranja e agrião (p. 22)
Frango grelhado com coentro e hortelã (p. 64)
Costeletas de cordeiro ao molho picante de manga (p. 102)

1 Corte as pontas do capim-limão e bata algumas vezes nas extremidades mais largas com uma colher para liberar o aroma. Coloque o capim-limão numa panela com o açúcar e 185 ml de água e deixe ferver. Diminua o fogo e cozinhe por 4-5 minutos, sacudindo a panela de vez em quando, até o açúcar dissolver. Tire do fogo e reserve até esfriar. Ao final, haverá mais xarope de açúcar do que será preciso para quatro drinques, mas é importante cobrir os talos de capim-limão com água suficiente para extrair o máximo de sabor deles. O xarope extra se manterá por alguns dias na geladeira.

2 Rale o gengibre numa coqueteleira, descartando as partes fibrosas. Despeje o rum, o suco de 1 limão e 55 ml do xarope de açúcar com capim-limão já frio; junte os talos de capim-limão do xarope e um punhado de gelo. Sacuda vigorosamente, até que os ingredientes misturem bem.

3 Divida o coquetel entre quatro copos cheios de gelo, complete cada um com água tônica e sirva com um talo de capim-limão da coqueteleira para mexer a bebida.

4 Adicione o suco do limão restante nos quatro copos e misture com os talos de capim-limão. Sirva imediatamente.

Wasabi (raiz-forte)

Alho

Gengibre

Cúrcuma

Tamarindo

Capim-limão

Canela

Noz-moscada

Pimenta-da-jamaica

Anis-estrelado

Sumagre

Pimenta-chinesa

Pimenta-do-reino

Pimenta vermelha

Pimenta verde

Pimenta moída

Pimenta seca

Pimenta em flocos

Curry

Cravo-da-índia

Açafrão

Cardamomo

Baunilha

Erva-doce (sementes)

Mostarda (sementes)

Nigela (sementes)

Coentro

Cominho

Garam masala

Páprica

Glossário

Açafrão Este tempero é o pistilo laranja-claro do croco colorido do açafrão. Tem sabor pungente e oleoso e adiciona um belo tom laranja-escuro a pratos de guisados, curries e arroz. Para produzir 450 g de açafrão, são necessárias entre 70 mil e 80 mil flores, que precisam ser colhidas manualmente para evitar danos, o que o torna a mais cara das especiarias. O açafrão é muito forte e pode sobrecarregar o prato, por isso uma pequena quantidade é suficiente. Quando mantido em local fresco, escuro e seco, dura mais de 1 ano.

Alho (p.154) Com seu gosto pronunciado, o alho é um dos temperos mais versáteis e um ingrediente essencial de muitos pratos. É melhor ser usado fresco.

Anis-estrelado (p. 62) Especiaria bonita e saborosa, o anis--estrelado é muitas vezes usado na cozinha de fusão para dar um intenso sabor de anis e uma nota de frescor aos pratos.

Baunilha Esta especiaria da família das orquídeas é um fruto fino e longo que, quando se abre, revela centenas de minúsculas sementes pretas. As sementes podem ser raspadas da fava e adicionadas a uma variedade de ingredientes para dar-lhes aroma e sabor únicos. Pode-se também comprar extrato de baunilha, que, quando é realmente de boa qualidade, funciona muito bem. A essência, todavia, não vale a pena. As favas de baunilha duram até 6 meses em recipiente seco e hermético, protegido da luz.

Canela (p. 208) Esta especiaria perfumada tem um sabor doce e fica maravilhosa tanto em pratos salgados quanto doces. É encontrada em pau ou em pó.

Capim-limão (p. 48) Encontrado fresco, seco e em pó, seu talo claro exala um delicioso e aromático sabor de limão. *In natura*, oferece os melhores aroma e sabor cítricos.

Cardamomo As bagas verdes e atraentes do cardamomo têm um sabor adocicado característico, que é perfeito tanto em pratos doces quanto salgados. São usadas inteiras, em pó ou apenas as sementes internas. Ao cozinhar com cardamomos inteiros, é preciso liberar todo o sabor das minúsculas sementes da baga. Pressione as bagas com a lateral da faca sobre uma tábua de cortar, a fim de que se abram, revelando as sementes saborosas. Se for usar apenas as sementes, raspe-as e descarte a casca. O cardamomo é um ingrediente-chave em muitas combinações de especiarias, mas pode ser difícil moê-lo, por isso retire todos os pedacinhos de casca que não quebrarem. Quando mantidas em local fresco, seco e protegido da luz, as bagas duram cerca de 6 semanas, mas assim que começam a perder a cor verde, também perdem o sabor.

Coentro O gosto suave, com um leve toque de laranja, deriva da semente e é completamente diferente da erva fresca. Pode ser usado inteiro, moído ou em pó de maneiras diversas, casando melhor com o cominho quando se trata de cozinha indiana. Na Europa, essa especiaria é usada para temperar gim; na Tailândia, é adicionada a pastas de curry; na Etiópia, as sementes são moídas e adicionadas à mistura de especiarias etíope berbere; além de ser parte essencial das pastas de especiarias arábicas Baharat. A especiaria inteira dura cerca de 1 ano em recipiente seco e hermeticamente fechado, protegido da luz; a versão moída dura menos de 6 meses.

Cominho (p. 76) A semente do cominho é usada inteira ou moída, e o sabor terroso de nozes e o aroma pungente dessa especiaria fazem dela um ingrediente essencial para a maioria dos pós para curries.

Cravo-da-índia (p. 184) Esta especiaria confere um sabor acentuado e um aroma doce e amadeirado a pratos salgados e doces; no entanto, como seu sabor é muito pronunciado, não deve ser usada com exagero.

Cúrcuma (p. 120) Especiaria da família do gengibre, esta raiz adiciona um intenso colorido a todos os pratos em que é usada e um sabor terroso levemente amargo.

Curry Estas folhas verdes encerram o sabor do sul da Índia, pronto para irromper quando usadas frescas ou secas, e adicionam aroma de nozes e sabor salgado ao curry. As folhas frescas são mais saborosas mas difíceis de encontrar. Felizmente, duram alguns meses no congelador; para usá-las, simplesmente coloque-as congeladas no óleo quente, como outras especiarias inteiras. As folhas secas têm sabor mais suave, por isso será preciso usar uma quantidade maior. Duram 6 meses em recipiente seco e hermético. No Brasil, não existe curry, mas ele é substituído pelo coentro.

Erva-doce (sementes) Estas sementinhas verdes têm um surpreendente sabor refrescante de anis. São usadas como um importante componente das cinco especiarias chinesas e na Mukhwas indiana, mistura de nozes e sementes servida após a refeição para refrescar o hálito e facilitar a digestão. Seu sabor combina perfeitamente com carne de porco e de peixe, e as sementes podem ser adicionadas, inteiras ou moídas, para realçar o sabor. Guardadas em local fresco, seco e protegido da luz, duram cerca de 1 ano. Moídas, duram menos de 6 meses.

Garam masala Mistura clássica indiana de especiarias fortes, o garam masala inclui cravo-da-índia, cardamomo, canela, noz-moscada e pimenta-do-reino. É usado para dar corpo e intenso sabor ao curry, sendo adicionado com frequência no fim do processo de cozimento. Não há receita padrão – todos na Índia têm sua versão, que é sempre a melhor! Felizmente, pode-se comprar garam masala pré-moído de boa qualidade, e vale a pena adquiri-lo. Ele acrescenta um toque de tempero sem necessidade de muitas especiarias. A versão moída também é fácil de encontrar, mas não é tão cheirosa como a pré-moída. Mantido em local fresco, seco e ao abrigo da luz, o garam masala dura 6 meses.

Gengibre (p. 140) Deliciosa em pratos salgados e doces, esta raiz bulbosa tem aroma adocicado e sabor acentuado e refrescante, levemente apimentado.

Mostarda Há três tipos de sementes de mostarda: preta, marrom e branca. A marrom e a branca são, na verdade amarelas, dando origem à pasta que conhecemos dos potes de mostarda que acompanham os cachorros-quentes. Pode-se também comprar o óleo de mostarda com uma bela cor amarelo-dourada, usado com frequência na culinária do norte da Índia. Usei apenas as sementes pretas em meu livro. Adicionadas ao azeite quente, elas crepitam delicadamente e liberam um sabor de nozes levemente apimentado que constitui um ótimo pano de fundo. Mantidas em recipiente seco, hermeticamente fechado e protegido da luz, as sementes de mostarda duram mais de 1 ano.

Nigela Estas sementes pretas às vezes são chamadas de cominho-preto ou sementes de cebola. Têm sabor semelhante ao orégano, ligeiramente mais amargo, com textura bem crocante. São muito usadas nas culinárias indiana e do Oriente Médio, aromatizando curries, leguminosas, cozidos, pães, saladas, picles e chutneys. As sementes são compradas inteiras e podem ser usadas sem ser torradas, o que, todavia, realça seu sabor. Duram cerca de 1 ano em recipiente seco e hermeticamente fechado, ao abrigo da luz.

Noz-moscada Trata-se da semente de um fruto verde, que, ao ser quebrado, revela uma pequena concha marrom brilhante, cercada por uma película vermelho-clara. Essa película, depois de seca, é o que chamamos de macis, e dentro está a noz-moscada. Essa especiaria deve ser comprada inteira e ralada quando for necessário. É possível comprar pequenos raladores de noz-moscada com um compartimento para guardá-la, que a conservarão por mais de 1 ano. Tem aroma forte e sabor doce e levemente apimentado, podendo ser usada de várias maneiras. Na Malásia, é empregada para fazer uma bebida gelada forte, aromatizar briyanis e pilafs. Combina muito bem com os tradicionais molhos branco e de queijo e fica deliciosa em sobremesas.

Páprica Feita de pimentões vermelhos secos moídos, a páprica exibe uma cor vermelha intensa e vários sabores: picante, suave, doce e defumado. Como todas as espécies de pimentas-da-guiné, chegou à Espanha procedente das Américas e é usada para dar cor e sabor a sopas, guisados e arroz em todo o mundo. A especiaria funciona realmente bem quando esfregada no alimento: basta pensar no frango tandoori indiano. Gosto de misturá-la com tomilho, alho, suco de limão e azeite e espalhar sobre qualquer carne, peixe ou legume. A páprica defumada tem sabor mais forte e deve ser usada com moderação. A vibrante cor vermelha é uma guarnição maravilhosa para saladas e molhos. Pode durar 6 meses em recipiente seco, fechado hermeticamente e protegido da luz.

Pimenta (p. 25) Fresca ou seca, verde ou vermelha (madura), todos os tipos de pimenta conferem um toque especial aos pratos. Se a pimenta for fresca, será mais suave; se for seca, será mais ardida.

Pimenta-chinesa Esta especiaria é, para mim, a estrela da culinária chinesa, oferecendo um maravilhoso calor de fundo que abre caminho para uma sensação de adormecimento da boca. Uma pitada de grãos de pimenta no óleo quente fornecerá todo o sabor necessário para temperar frituras e carnes na brasa. Como são ásperos de comer, é melhor retirar os grãos do óleo quente, uma vez que tenham liberado o aroma. A pimenta inteira dura cerca de 1 ano se mantida em recipiente seco, hermeticamente fechado e protegido da luz.

Pimenta-da-jamaica Sua denominação original (no inglês, "allspice") se deve ao seu sabor, que era considerado semelhante à combinação de várias especiarias, incluindo a canela, o cravo-da-índia e a noz-moscada. A pimenta-da-jamaica é um fruto pequeno, seco, imaturo, nativo da América Central e parece um pouco com uma grande pimenta em grão marrom-avermelhada. Tem um fantástico sabor aromático de mistura de especiarias e constitui um ingrediente-chave na culinária caribenha e do Oriente Médio. Pode ser encontrada inteira ou moída, sendo que a inteira dura cerca de 1 ano em recipiente seco e hermético, protegido da luz, e a moída dura cerca de 6 meses.

Pimenta-do-reino (p. 91) Com sua pungência picante, a pimenta-do-reino permite adicionar um maravilhoso estímulo ao paladar ou uma delicada nota quente a quase todos os pratos salgados e a alguns pratos doces também.

Sumagre Seco e moído, o fruto do sumagre é usado na culinária de todo o Oriente Médio. Tem cor vermelho-escura e sabor azedo e é adicionado a cozidos, como os nômades árabes costumam usá-lo, em vez de suco de limão. Eles também o misturam ao iogurte e temperam carnes e saladas para dar-lhes um sabor refrescante. É um dos principais ingredientes na mistura de especiarias árabes zaatar, usada para aromatizar diversos pratos, desde kebabs até pães. O sumagre é comprado moído e dura cerca de 6 meses em recipiente seco e hermeticamente fechado, protegido da luz.

Tamarindo Apesar de muitos pensarem que é do Sudeste Asiático, o tamarindo é na verdade usado em todo o mundo, da Índia à África e do México ao Oriente Médio. Deriva do fruto de uma grande vagem marrom, semelhante à da ervilha, que é deixada de molho na água. A polpa é espremida e coada, e a água azeda é o que se usa. Pode-se adquirir pastas de tamarindo de boa qualidade, que devem ser imersas em água morna e coadas antes de usar. Eu evito o tamarindo concentrado, que é forte e muito azedo. Depois de aberta, mantenha a pasta de tamarindo na geladeira. Use-a dentro de 2 meses ou de acordo com as instruções da embalagem.

Wasabi (raiz-forte) A raiz ralada de wasabi, membro da família da raiz-forte japonesa, é verde-clara e tem um forte sabor apimentado. É encontrada em pó ou em pasta. Prefiro usar a pasta, pois é mais prática e dura bastante na geladeira. O wasabi é comumente associado ao sushi; todavia, também fica ótimo em molhos com shoyu ou misturado à maionese.

Índice

Os números de página em *itálico* indicam ilustrações.

Agradecimentos

À família e aos amigos pelo apoio.
Aos Hung, da China.
A todos os rapazes do Shinta Mani Hotel, no Camboja.
A Suman, de Jsipur.
Ao chef Nooror, de Bagcoc.
A Nazlina, na Malásia.
A toda a família Talwar, em Nova York e Délhi.
A Nitya.
A Nimmy e Paul e sua incrível família síria cristã.
A Sarath e Nalini Alwis, por organizar tudo no Sri Lanka.
A Souk Talwa, de Beirute.
A Jon e Estella, do México.
A Grace e a Duncan Baird.
A todos da Limelight.